INNOVACIÓN EMOCIONAL

Las nuevas leyes
para motivar personas

DANIEL COLOMBO

INNOVACIÓN EMOCIONAL

Las nuevas leyes
para motivar personas

Editorial Autores de Argentina

Colombo, Daniel
  Innovación emocional, las nuevas leyes para motivar personas / Daniel Colombo. - 1a ed . - Ciudad Autónoma de Buenos Aires : Autores de Argentina, 2018.
  114 p. ; 20 x 13 cm.

  ISBN 978-987-761-441-1

  1. Ayuda Para el Desarrollo. I. Título.
  CDD 158.1

© ® Daniel Colombo
www.danielcolombo.com

EDITORIAL AUTORES DE ARGENTINA
www.autoresdeargentina.com
Mail: info@autoresdeargentina.com

Diseño de portada: Justo Echeverría

Queda hecho el depósito que establece la Ley 11.723

INDICE

Prólogo   11

QUÉ ES LA INNOVACIÓN EMOCIONAL   13
Cómo incorporarla en las empresas
y equipos, y en la vida cotidiana
- El costo de tomar decisiones con modelos anticuados
- Cómo implementar la innovación emocional

ROMPE LÍMITES Y BARRERAS   23
¿Cuál es tu pasión?
- Pasos previos para conectar con tu pasión
- Las 13 preguntas que debes hacerte

Sal de la zona de confort
- Un ejemplo de zona de confort
- Lo desconocido y el peso de las creencias
- Entra en la zona de valentía

La fuerza de voluntad
- Rasgos de las personas con fuerza de voluntad

Ejercita tu valor y tu coraje
- Recursos para ponerte en marcha

MANEJA TUS EMOCIONES DE FORMA INTELIGENTE — 45
Las personas optimistas
El momento de furia
- Los daños que produce
- Formas sencillas de controlarla

El desánimo se contagia
- Algunas causas
- Herramientas para superarlo

MOTÍVATE — 61
¿De qué depende tu motivación?
- Características de la motivación
- ¿Qué motiva a las personas?

Diferencia entre motivación y euforia
- Los secretos de un motivador

Automotívate
- La influencia del lenguaje en tu motivación

Emprende con éxito
- La motivación para los emprendedores

LA MOTIVACIÓN EN EL PLANO LABORAL   85
La sutil diferencia entre eficiencia y eficacia
Motivar equipos
- Ve a la raíz de los problemas
- Toma una decisión y sostenla por un tiempo prudencial
- Motivar equipos con team building
  - » Principales beneficios
  - » Las actividades del team building
    - Días y duración
    - ¿Cómo lograr que todos participen?
    - Aspectos organizativos

¿Quién motiva al motivador de un equipo?
- ¿Qué pueden hacer los dueños o directivos?
- ¿Qué puede hacer el propio motivador?

Empresas resilientes: superar los desafíos y salir fortalecidos
- Cómo prepara a los equipos

Frases de motivación laboral

Epílogo   111

PRÓLOGO

¿Buscas ser una persona automotivada? ¿Caes fácilmente en el desánimo? ¿Necesitas fortalecer tu equipo de trabajo? ¿Deseas romper límites y dejar tu zona de confort? ¿Quieres descubrir tu pasión?... Sea cual fuere tu razón, llegaste al lugar indicado.

Cuando estás motivado esperas siempre que algo bueno ocurra; sí, aún en las adversidades más difíciles. Esta energía, actitud y valentía no impedirá que caigas; por el contrario, te permitirá que te levantes rápido y que continúes hacia adelante.

Tener motivos se refleja en tu alegría, en tus ganas de llegar, en tu anhelo de alcanzar. Debes saber que la motivación y el desánimo se contagia; pero para nuestro bienestar, la motivación se puede aprender y estimular.

No te preguntes el por qué de una decisión, acción, proyecto o trabajo; siempre ten en claro el para qué; de esta manera, sabrás cual es el propósito, la razón de ser. Avanzarás gracias a tú ánimo y a tu energía. Por esto, es importante que aprendas a automotivarte para no quedar a la espera del impulso externo.

Una persona motivada tiene la convicción de que llegará. No importa el tiempo, sabe que alcanzará su meta. ¿Sabes por qué? Porque cree en su sueño con tanta fuerza que doblega cualquier pronóstico negativo.

Aún más, puedes distinguir a esta persona del resto, porque sobresale por su empuje, espera, alegría y valentía. Llegaste al libro indicado para ser una de ellas. Y la clave está en el nuevo tipo de innovación: Emocional, especialmente en los entornos laborales. Te invito a descubrir este nuevo tipo de inteligencia asertiva, que está cambiando el rumbo de las empresas y organizaciones.

Daniel Colombo

Qué es la Innovación Emocional

CÓMO INCORPORARLA EN LAS EMPRESAS Y EQUIPOS, Y EN LA VIDA COTIDIANA

¿Te gustaría que todos los días hubiese una convención de super héroes dispuestos a ayudarte a alcanzar las metas en tu negocio y empresa? Esto sólo es posible si asumes el reto de la verdadera innovación de estos tiempos: la innovación emocional.

Entrando en un nuevo tiempo de la productividad a nivel global, el eje ha dejado de pasar por la tecnología, o los mecanismos para hacer funcionar las cosas, o para vender, o para estudiar los costos. Es la era de las emociones, con todo su matiz y profundidad.

Todos tenemos un cerebro que ayuda a hacer que las cosas sucedan. O no. Si las compañías invierten tiempo, esfuerzo y recursos en interpretar sus señales, en estimularlo, cuidarlo y acompañar el equilibrio que se necesita para que crezca sano y fuerte, su neuroplasticidad se convierte en la clave para el desarrollo.

El principal órgano del cuerpo humano rige, también, el cerebro emocional. Se trata de esta parte tan necesaria para dar significado, propósito, entendimiento, y para sobrevivir en condiciones ambientales tan cambiantes y turbulentas como las que se presentan diariamente.

Por eso, la Era de la Innovación está regida por el cerebro emocional; el universo de las personas no se centra ya en lo mental y puramente técnico, sino que, si las compañías logran encauzar positivamente los aportes individuales, tienen más chances de transformarse y transformar.

» QUÉ ES LA INNOVACIÓN EMOCIONAL

En cualquier toma de decisiones ya sea en el plano personal, y dentro del Alma que tienen todas las empresas (por más "desalmadas" que parezcan), las emociones juegan un papel preponderante.

Se puede tener toda la tecnología del mundo, los recursos de dinero infinitos, la llegada a todo el universo. Sin embargo, si no se tiene la voluntad de cada colaborador alineado con el espíritu creador y hacedor, el camino será corto e irremediablemente, escaso de proyección.

La toma de decisiones en todos los niveles de una empresa no se basa sólo en los parámetros lógicos que eran dominantes hasta hace pocos años. Se sabe que más del 80% de las decisiones en las empresas se mueven alrededor del universo emocional de los líderes, sus equipos, y, en cascada, todos los colaboradores.

La ausencia de decisiones es, en sí misma, una política empresaria, porque la "no decisión" es una elección, aunque no lo parezca. Así, las empresas que demoran en transformarse pierden valiosas oportunidades e inevitablemente, estarán rezagadas en el mundo global del que forman parte.

Hay organizaciones en terapia intensiva, encabezadas por personas que se creen líderes, cuando son, en el mejor de los casos, meros jefes.

Hay empresas agonizantes, deseosas de una mano salvadora externa. Sin embargo, no han tomado consciencia aún de que el único salvataje posible proviene desde adentro.

Hay compañías en todo el mundo que están siendo transfundidas, como si eso fuese a resolver sus problemas. Si no se tratan los males que las aquejan de raíz, volverán a aparecer en corto tiempo.

Por increíble que parezca, el principal motor del cambio y combustible para la transformación que evite la muerte empresarial está arriba de todo, en cada integrante de esas empresas que han perdido su Alma, su Propósito, su Ser. Se llama cerebro, y pesa menos de un kilo y medio.

» EL COSTO DE TOMAR DECISIONES CON MODELOS ANTICUADOS

¿Para qué engañarse? Como afirman los neurocientíficos, sólo el 2% de los procesos cerebrales son conscientes, y éstos fueron constituidos en períodos muy antiguos de la evolución humana.

Hablando claramente: la mayoría de los procesos de las empresas en estado de pura supervivencia se basan en estos esquemas muy anticuados. Observando las cosas en esa perspectiva, es prácticamente imposible que se permitan afrontar los procesos complejos en extremo, como los que afrontan hoy.

Hoy, más que antes, tomar decisiones con moldes de siglos pasados, o de tan sólo una década atrás, atrasa -en el mejor de los casos- y arruina cualquier buena intención.

¿Dónde nacen esas buenas intenciones? En el cerebro.

¿Dónde se resignifican esas acciones bien intencionadas? En el cerebro emocional.

¿Dónde cobran valor los resultados de las buenas acciones? En la experiencia emocional de los líderes y todos los colaboradores.

Es esencial la Innovación Emocional, como valor central. Nosotros no somos seres puramente analíticos y racionales (funciones asociadas primariamente al hemisferio izquierdo del cerebro), sino que integramos y tendemos puentes con las habilidades blandas, como la comunicación, la empatía, el entendimiento, la cooperación y la visión humanística (propias del hemisferio derecho).

» CÓMO IMPLEMENTAR LA INNOVACIÓN EMOCIONAL

La Innovación Emocional requiere del abordaje en simultáneo de 10 planos: cuerpo, mente, cerebro, espíritu, creencias, paradigmas, resiliencia, entornos, evolución y propósito. De su correcto articulado resultará la transformación y trascendencia, capaz de atravesar cualquier desafío externo.

Lo primero, es darse el tiempo de reflexión, más allá de tener objetivos de negocio puramente resultadistas. Es necesario escuchar, dialogar, poner las conversaciones en primer plano, aprender a disentir con respeto y coherencia. Fluir, entender y cooperar.

En segundo lugar, el cerebro de casi todos los seres humanos, hoy está sobre estimulado. Es necesario bajar su frecuencia si se necesita tomar mejores decisiones. A más información a procesar, más complejos son los procesos, y si no se le encuentra sentido, como el cerebro se especializa en ahorrar recursos al producir resultados, no "prestará toda su colaboración". Entrene su cerebro; coopere en desarrollar espacios de reflexión, pausas conscientes para recalcular las acciones diarias, y retomar con mayor impulso.

Tercero: el psicólogo israelita Daniel Kahneman, ganador del Nobel de Economía, afirma que el cerebro utiliza un tipo de sistemas automáticos o intuitivos, que no dependen de la voluntad; y se deja engañar con "efectos halo", que son los que se producen cuando hay generalizaciones excesivas, procesos que se repiten o simplificaciones sin sentido. Entonces, las compañías que lleven adelante Innovación Emocional necesitan manejar cautelosamente el flujo de información, dar el tiempo necesario para procesarla en una mezcla de racionalidad con intuición, y espacios de creatividad para que puedan aflorar las transformaciones apropiadas. Como se ve, esto es diametralmente opuesto a lo que vienen haciendo casi todas las empresas del mundo.

Cuarto: la innovación emocional es compleja de gestionar. Si ya los procesos racionales son difíciles, se necesita entrenarse en áreas blandas para lograr la mayor satisfacción personal de los colaboradores, para, luego, hacerlas confluir en dinámicas de equipo en la empresa. Como el cerebro selecciona lo que queremos escuchar y prioriza en base a aquello que nos es más familiar, hay que estimular los neurotransmisores para que dejen de premiar el autoengaño de seguir en el camino de siempre, y que abran los puentes de la transformación.

Quinto: dejar la seguridad de los hábitos. Mantener ciertas rutinas productivas es saludable siempre que se obtengan los resultados innovadores. Sin embargo, es de necios mantenerla si estamos fracasando. Hay un efecto del cerebro como carcelero de los deseos de un futuro mejor, que proviene de las percepciones limitadas. El cerebro responde exactamente a lo que le ordenemos. Entonces, si ordenamos de acuerdo a viejos esquemas mentales, eso es lo que resultará. La innovación emocional se basa en sacudir estos esquemas.

Sexto: la innovación emocional requiere del acompañamiento de profesionales expertos para ayudar a conducir esta energía nueva a un buen puerto. Es frecuente una cierta frustración al comienzo, aunque, muy pronto, se observa cómo hay un renacimiento emocional interno en cada persona -cada quien a su ritmo-, por lo que el equipo necesita ser ecualizado y contenido permanentemente, sin dejar de trabajar en lo que necesita hacerse.

Séptimo: es ilógico que las empresas luchen contra las emociones de sus colaboradores, que, a su vez, determina su propia emocionalidad corporativa. Hay que aprovechar esas emociones como palanca para crear nuevos modelos de toma de decisiones adaptadas al presente y a la innovación que se persigue.

¿Qué más hacer? Hay que hacerse preguntas, tomar tiempo de reflexión, evaluar el costo/beneficio de jornadas de trabajo extensas, crear nuevas condiciones de fertilidad para que las compañías sigan creciendo, y trasladar esos valores diseminándolos -como semillas- hacia todos los niveles, incluidos los consumidores, las sociedades y países donde se desenvuelven. Es necesario transformar a cada colaborador en un líder, fuera de los moldes de los '90 del liderazgo estándar. Estamos en la era del liderazgo emocional, sin tanto empoderamiento del ego, y con más énfasis en el Ser.

Finalmente, valores como la escucha atenta, la asertividad, empatía, bondad, sentido de pertenencia genuino, comunicación abierta y receptiva y el entendimiento, son esenciales para articular esta Innovación Emocional que viene a contribuir con la evolución de todo lo conocido para situarnos en un nuevo estadío de las cosas: ni mejor ni peor que antes. Simplemente, distinto.

En este libro encontrarás las bases para desarrollar, tanto en ti, como en tu empresa y equipos, estos 10 planos de la Innovación Emocional; el modelo de gestión de personas que he desarrollado y que aplican decenas de organizaciones. Te permitirá transformar la desmotivación en auto motivación y liderazgo consciente, para obtener mejores resultados.

Rompe límites y barreras

"Sigue hambriento, sigue alocado"

Steve Jobs (1955-2011)
Fundador de Apple,
magnate del sector informático

» ¿CUÁL ES TU PASIÓN?

"¿Pasión? ¿Qué pasión? Si apenas puedo con lo que hago en el día a día", es una frase en la que radica el origen de muchos de tus pesares: el desencanto, la frustración, el tedio y el aburrimiento.

La pasión sustenta nuestro "Yo Soy", la construcción de quien somos y cómo nos manifestamos en el mundo. Es el combustible, y, a la vez, el motor que te propulsa a seguir adelante.

¿Qué tal sería vivir de acuerdo a tu pasión de corazón? ¿Cómo te sentirías viviendo diariamente experiencias extraordinarias? ¿Qué pasaría si descubres que la sincronicidad te va llevando siempre en un camino positivo y en permanente expansión? ¿Y qué me dices si alcanzas a vivir dedicado a lo que te apasiona? Suena bien, ¿verdad?

¿Y si no sabes cuál es tu pasión? Por favor, deja la mente tranquila, no será de mucha ayuda en este caso, ya que los resultados se basan más en la intuición y en tus emociones, que en lo racional.

Aquí va un sistema probado y practicado, para que, si lo haces sostenido en el tiempo, alcances un estado de mayor plenitud, consciencia en tu paso por el mundo, y un sentimiento irrefrenable de sentido y propósito en lo que haces.

Este programa para encontrar o reconectar con tu pasión, esa que, si lo permites, se convertirá en tu impulso vital, motivación y más energía interna.

PASOS PREVIOS PARA CONECTAR CON TU PASIÓN

- Toma una libreta nueva, y colócale tu nombre, apellido y la fecha en que decides encarar tu proceso hacia la pasión.
- Coloca en la tapa y en otras páginas interiores algunas fotos inspiradoras para ti: por ejemplo, un viaje soñado que hiciste, la casa de tus sueños que quisieras tener, una imagen de tu rostro que exuda plenitud.
- El método: Dedícate todos los días 15 minutos durante 33 días seguidos, en un horario fijo que elijas, a trabajar en silencio y solitario. Cada día tomarás este espacio como un ritual muy importante para ti; así lo harás saber a las demás personas. Paso a paso, irás respondiendo las 13 preguntas con todo detalle: aprovecha todos tus sueños de cómo quisieras vivir y conquistar tu nueva vida. Utiliza siempre palabras positivas: esto significa que evitarás conscientemente todas las frases negativas, y las palabras que te limitan, como "no", "pero…", "es que…", "no sé". Dedicarás los días necesarios a cada pregunta, en este orden. Al concluir cada pregunta, colocas abajo: "Mi pasión es…" y en una palabra, la escribes. Una vez que finalizas con una, pasas a la siguiente, procurando que en el día 33 tengas las

13 preguntas respondidas, leídas y chequeadas varias veces luego de escribir tus pensamientos. Observa lo que sucede en pequeños signos a partir del séptimo día en adelante.

LAS 13 PREGUNTAS QUE DEBES HACERTE

Imprime y coloca esa copia en la primera página de tu libreta, como un ayuda-memoria. Necesitas tener este material siempre a mano; y es mejor si lo haces de puño y letra.

1. ¿Qué es aquello que te hace completamente feliz? ¿Qué te resulta apasionante e impostergable?

2. ¿En qué momentos, haciendo qué cosas, te sientes invencible?

3. ¿En qué cosas te destacas por sobre todas las demás en tu vida? ¿Hay algo que soñabas de niño que haces hoy, de adulto?

4. ¿Qué personas te marcaron, en positivo, a lo largo de tu vida? ¿Qué te inspira de ellos? ¿Para qué te sirve esa inspiración, hoy, en el presente?

5. Si mañana sabes que vas morir, ¿qué legado escribirías? ¿Qué palabras positivas le dirías a las 3 personas que más amas en la vida? ¿Y a las 3 que son las más importantes en tu pasado o presente?

6. ¿Qué seguirías haciendo incluso si ganaras 100 millones en la lotería?

7. ¿Cuándo fue la última vez que te emocionaste de un logro muy importante para ti? ¿Qué te dijiste internamente, en tu silencio interior? ¿Qué voces escuchaste? ¿Para qué te sirvió esa experiencia?

8. ¿Qué cosa harías si supieses que nunca vas a fallar y que tienes energía ilimitada?

9. ¿En qué mundo te gustaría que vivan las personas que te sucederán? ¿Qué estas haciendo hoy para que eso suceda? -desde cosas muy pequeñas, hasta gigantes-

10. ¿Para qué te sirven los pensamientos felices que tienes de vez en cuando? ¿Recuerdas los últimos 6 momentos de gloria y plenitud absoluta? ¿Qué te enseñaron? ¿Por qué te sentiste de esa forma justo en esos instantes? ¿Qué fue lo que te movilizó o inspiró?

11. Si tuvieses la total certeza de que podrás vivir exclusivamente de acuerdo a lo que es tu pasión de vida, sea cual fuere, ¿de qué forma estructurarías tu vida? ¿Qué cambiarías en concreto respecto a tu estado actual? ¿Con qué personas (nombres y apellidos) te gustaría contar? ¿Cuál sería tu estado interno alcanzando esa experiencia total?

12. Si tuvieses consciencia cuando estén despidiéndote luego de tu muerte, y escucharas a las personas: ¿qué te gustaría que dijesen de ti? ¿Cuál es tu legado actual para cuando ya no formes parte de este mundo físico? ¿De qué forma contribuye eso a ligarlo con tu pasión?

13. ¿Qué cosa harías incluso sin recibir ningún pago a cambio? Escribe al menos 15 cosas pendientes que siempre quisiste hacer y aún no lo has logrado. Haz un plan para concretar al menos 3 en los próximos días, antes del cierre de este ciclo de 33 días de ejercicios de tu pasión personal.

A partir del día 34, relee diariamente las preguntas, de una por vez, diariamente. Repite el ciclo de las 13 preguntas, cada 13 días. Y así sucesivamente. Esto es para permitir a tu ser consciente que se familiarice con este poderoso ejercicio de la pasión, y limitar la cantidad de objeciones o dudas que pudiesen presentarse.

Permanece muy atento a lo sutil, más allá de lo obvio. Es altamente probable, prácticamente una certeza, que aparecerán las respuestas, la guía y el camino para hacer realidad esta pasión que tienes dentro y que, paso a paso, ya se está manifestando.

» SAL DE LA ZONA DE CONFORT

La zona de confort, también mencionada muchas veces como zona de comodidad, es un estado psicológico que tú mismo creas, en el que te sientes, dentro de los parámetros que has establecido, sin riesgos y hasta con aburrimiento de hacer siempre lo mismo. Sin embargo, cuando quieres alcanzar un objetivo entras en un estado que puede ir de la adrenalina al miedo, pasando por el pánico, por lo que te resulta especialmente difícil moverte de allí.

La zona de confort tiene un propósito adaptativo, puesto que está conformada por lo que ya eres, lo que traes, lo que has aprendido desde que naciste y las experiencias -buenas o fallidas- que ves en tu entorno. Es justamente ese entorno el que puede encerrarte, sólo si tú lo permites.

Así, ese gran campo de confort configura una modalidad de vida en la que no necesitas hacer esfuerzos, la motivación generalmente se apoya de afuera hacia dentro, y esto te limita completamente para aprender y tomar cualquier tipo de riesgos. Es así porque lo eliges en forma consciente o inconsciente, para vivir más cómodamente.

La paradoja es que **la zona de confort, con el tiempo, se vuelve muy incómoda, debido a que, si tienes metas, objetivos y te gusta evolucionar a través de retos, desafíos y conquistas, una parte tuya está tan acostumbrada que parece adormecida.** Y allí aparece esa tensión que te tira continuamente a no moverte por fuera de lo conocido.

Existen dos polos dentro de la zona de confort:

- Un extremo menos negativo: en el que te sientes, vives y mueves con comodidad, aunque sabes a consciencia que no usas todo tu potencial. Es el caso cuando encuentras una relación de pareja que no te satisface del todo, aunque eliges seguir allí por conveniencia; o un trabajo en el que, por la paga que recibes, es lo único significativo para ti.
- Un extremo más negativo: fundamentalmente lo sientes, lo vives y te desgasta. Sin embargo, por miedo y por tu costumbre a la comodidad, no te animas a cambiar. Este sería el caso cuando sigues en el trabajo, aunque te sientas explotado y sometido; o cuando mantienes malos hábitos, que deberías abandonar, y sin embargo, no lo haces. Todo esto conlleva malas consecuencias al final.

Un ejemplo de zona de confort

Era el año 1480. Cristóbal Colón estaba ya casado y tenía un hijo. La zona de comodidad era viajar por Europa, territorios cercanos. Su esposa se llamaba Felipa Moniz, hija del conquistador de las Islas Madeira. Desde esa situación, estaba bien y no pasaba problemas económicos.

Doce años después, un 3 de agosto de 1492 salió hacia América, sin conocer en absoluto con lo que se pudiese encontrar. Piensa que era una época donde se decía que, justo hacia el oeste, estaba el fin del mundo y que había gigantescos monstruos en los mares.

Tuvo una travesía que se puede llamar de cualquier forma, menos tranquila. Motines, temporales interminables, enfermedades a bordo. Hasta que un día, Rodrigo de Triana, el grumete arriba del mástil, gritó "¡Tierra!" y llegaron a una isla de Bahamas, llamada Guanahani. Cristóbal Colón dudaba haber llegado a las Indias y haber dado la vuelta al mundo; lo nombraron Virrey y Gobernador, pero su gobierno en Centroamérica no fue lo que hoy se conoce como democrático.

LO DESCONOCIDO Y EL PESO DE LAS CREENCIAS

La inmensa mayoría de las personas se quejan permanentemente de "este mundo cruel" y, sin embargo, hacen muy poco para cambiar las cosas. Como la queja no construye ni modifica las situaciones, es necesario saltar a lo nuevo si se quiere dar un gran paso.

Este paso hacia lo desconocido y con resultado incierto, como en la historia de Colón, puede tener sus recompensas. Lo paradójico es que, con el tiempo, para la mayoría se les hace costumbre quedarse quietos, anclados donde están, sin más entusiasmo que ver la vida pasar. Puede que haya algún acontecimiento especial en el medio; sin embargo, lo vivirán como encendiendo una y otra vez un fósforo usado: hay un momento que se quema por completo, y no generó nada nuevo más que un instante.

Todo lo que no generas en la vida, en algún momento lo has decidido así. Lejos quedó la excusa de la falta de oportunidades o de dinero. Hay millones (por no decir cientos de millones) de ejemplos de personas comunes que comenzaron de cero, y conquistaron sus proyectos.

Esto se define por un temperamento hacedor, se la juegan más allá de las dificultades y del proceso incómodo para lograrlo.

Para lograr las metas hay que esforzarse, y esto es, justamente, lo que muy pocas personas están dispuestas a hacer por ellos mismos. Piensan que debe haber otro como proveedor para satisfacerles los deseos. **La Lámpara de Aladino con un genio atrapado es sólo un relato, el único que puede lograr algo eres tú.**

Si desde pequeño fuiste educado en base a la poca estima personal, el no, el pero, y tantas otras formas limitantes, así será toda tu vida, hasta que te animes a desafiar esas creencias. Entonces, para salir de la zona de confort y llegar a tu zona de valentía, hace falta:

- Moverse
- Esforzarse
- Atravesar la incomodidad permanente
- Exponerse a resultados inciertos
- Tomar decisiones permanentemente
- Aceptar la posibilidad del fracaso
- Y finalmente, lograr el objetivo, cualquiera que sea, y de la forma en que venga.

En cualquier escenario se produce algo sumamente enriquecedor: la zona de aprendizaje. Escalones de crecimiento por el que ya no volverás a ser el mismo. Y por esto valió la pena el esfuerzo.

ENTRA EN LA ZONA DE VALENTÍA

En el momento exacto en que te diriges desde tu zona de confort al límite con tu expansión, aparece el miedo. Por lo general se manifiesta en forma de excusas de lo más absurdas; sin embargo, logran que permanezcas donde estás y no des el siguiente paso.

Al llegar al límite de la zona conocida, tienes que tomar la decisión principal: asumo el riesgo y continúo adelante, o me retraigo y vuelvo a mi caparazón de aparente seguridad.

Si decides avanzar, hay algo grandioso esperándote: nuevas

experiencias, relaciones, personas que enriquecerán tu vida, y el sentido de logro.

La noticia no tan buena es que, **una vez que incorporas lo nuevo en tu vida, eso mismo extiende tu zona de confort, y pasa a ser parte de lo cotidiano.** Allí puedes asumir un nuevo reto, y seguir expandiéndote.

Volvamos a tu zona de aprendizaje y valentía. Te trae recompensas automáticas:

- Lideras tu vida: te fortaleces.
- Descubres aspectos nuevos de ti y de los demás.
- Observas el mundo en una perspectiva diferente.
- Sientes el "Yo puedo" en primera persona.
- Dejas de criticar a los demás, porque estás enfocado en tus logros y objetivos.
- Inspiras a los demás.
- Procesas más información.
- Incorporas rápidamente conocimientos y experiencias.
- Aprendes a tomar riesgos calculados.
- Mejoras tu autoestima.
- Tienes más control sobre tu vida.
- Accedes a un nuevo nivel, lo que sea que esto represente para ti.
- Conformas un mapa de vida más rico.
- Disminuye el estrés.
- Estás automotivado todo el tiempo (desde adentro hacia fuera).

- No dependes de la opinión de los demás.
- Lo haces porque sientes que necesitas tomar esa acción para tu vida.

Una vez que te entrenas lo suficiente en moverte de la zona cómoda, pasando por la de aprendizaje y hasta la de valentía, llegas a una zona óptima, donde tu vida empieza a sonar como una orquesta muy bien afinada. Con altibajos como suele suceder, aunque sin trabas que te impidan conquistar todo lo que te propongas.

La persistencia en el propósito es lo que marca la diferencia. Y desde allí, te aseguro, el paisaje es maravilloso.

» LA FUERZA DE VOLUNTAD

En 2013 investigadores de la Universidad de Stanford, publicaron un trabajo en la prestigiosa revista Neuron donde identifican una zona del cerebro (la "corteza cingulada anterior", ubicada aproximadamente 5 centímetros detrás de la nariz) como la zona responsable, o la que induce en nosotros la fuerte voluntad de perseverar frente a los obstáculos que se nos presentan.

Trabajos previos ya habían identificado ese espacio cerebral como la zona que se involucra cuando hay cambios de comportamiento, o cuando se necesita decidir por los caminos a seguir para lograr un objetivo específico.

Partiendo de la base de que la gran mayoría de los seres humanos tienen buenas intenciones y propósitos acerca de sí mismos y el entorno inmediato, ¿qué es lo que determina que, por más voluntad que se ponga, puede llegar un momento donde flaquean?

El acto de la fuerza de voluntad humana está relacionado con una energía mental que permite sostener el control, como si fuese un controlador de vuelo de un avión que mantiene el rumbo hacia la meta deseada.

Sin embargo, como el ser humano no es una máquina infalible, el involucramiento de las emociones hace que se pierda el autocontrol, y así pueda aparecer la desesperanza y las dudas acerca del propio potencial.

Independientemente de los objetivos que se plantee una persona, siempre hay posibilidad de estimular la voluntad.

Algo frecuente es confundirla con las ganas, como si la voluntad fuese su sinónimo. Sin embargo, el tema es más complejo. Seguramente muchos habrán experimentado tener ganas de lograr determinadas metas, y, sin embargo, no contar con la voluntad suficiente para alcanzarla. Un ejemplo concreto son las dietas, o iniciar un programa de ejercicios en forma regular: se abandona al poco tiempo. Para lograrlo, hace falta voluntad.

La fuerza de voluntad es intransferible; por lo tanto, es una autodeterminación de cada persona, que necesariamente debe involucrarse por completo en pos del objetivo.

El miedo a lo desconocido y lo incierto del resultado final es lo que deja en una incómoda zona cómoda a la gran mayoría.

Tener determinación, firmeza y persistencia, son tres de las características comunes a las personas que

cuentan con la voluntad de su parte, para llevar adelante incluso los desafíos aparentemente inalcanzables. Se conocen ejemplos de todo tipo: personas amputadas que corren maratones, guitarristas de elite sin manos, pintores que hacen arte con su boca o pies, y quienes lo han perdido todo por algún episodio desafortunado, y se han rearmado por completo en poco tiempo. Esto es poner la voluntad al servicio de la vida y seguir adelante.

Lo contrario es en lo que cae más del 95% de las personas, que es la inacción, la queja y la victimización.

RASGOS DE LAS PERSONAS CON FUERZA DE VOLUNTAD

- Se conocen en profundidad. Las personas que bucean en su interior tienen más chances de ejercitar y dominar su voluntad.
- Saben diferenciar esfuerzo y sacrificio. Aprendieron a dosifican su energía para tenerla más disponible para persistir hacia sus grandes metas.
- Analizan sus fortalezas y debilidades. Así saben por dónde seguir mejorando paso a paso.
- No se quejan. Toman acción permanente. La queja es una completa pérdida de tiempo.
- Se rodean de personas que los apoyen. Dejan pasar a aquellos que nos permiten avanzar, y no se quedan amarrados en quienes los limitan.

- Se despojan de la aprobación de los demás. Van por su camino, comparten con el entorno; pero no busca agradarle a todo el mundo. Esto se llama libertad.
- Se plantean objetivos bien específicos. No van con vueltas. Definen un camino con un punto de partida, una llegada, y el paso a paso en la línea de tiempo con pequeñas acciones hacia el gran final.
- Se alientan entre ellos: no son egoístas. Disfrutan de los logros ajenos.
- Tienen mayor conciencia de los riesgos, y se preparan especialmente para afrontarlos. Dejan de lado el miedo y el temor, para reconvertirlos en coraje y valentía. Y, esencialmente, se perdonan los errores y los convierten automáticamente en aprendizaje. No es que no los sienten: los transforman en algo positivo.
- Aprovechan su tiempo. Son organizados y productivos. No desperdician su energía en conversaciones o hechos intrascendentes.
- Mantienen silencio sobre sus grandes objetivos. Comparten con muy pocas personas, como una forma de auto preservarse.
- Tienen motivación autónoma. No buscan que los otros le den palabras de aliento, aunque las reciben gustosos si llegan.
- Se dan una recompensa ante cada mínimo logro. Desde un obsequio, comer algo delicioso, darse un gusto, un baño de inmersión, o dedicarse tiempo especial a solas: todo vale

para incentivar el sentido de logro. Es un premio sencillo, para reforzar su voluntad.

Y tú ¿te reconoces en estos rasgos de voluntad? ¿Cuáles puedes desarrollar aún más?

» EJERCITA TU VALOR Y TU CORAJE

Todos nosotros venimos con nuestra propia carga de experiencias, historias personales y vivencias desde que aparecimos en esta forma física en el mundo (y aún antes, en el vientre que nos concibió).

Con el tiempo nos fueron entregadas muchas herramientas, y otras que fuimos conquistando a medida que crecimos, incluso aquellas basadas en el ensayo-error como producto de las experiencias dolorosas o límites por los que hemos atravesado en ciertas etapas.

Algunos, posiblemente hayan tenido el precioso regalo de ser estimulados, amados, queridos y abrazados por los mayores y por distintas personas que le entregaron su afecto incondicional. Otros, han sabido adaptarse como pudieron a un mundo tal vez hostil, a veces doloroso y desafiante, lo que los fortaleció e impulsó para salir adelante. A la distancia, pueden decir "he hecho lo mejor que pude con los recursos que tenía".

Por eso, el valor, sobre todo cuando no han sido convenientemente acompañados ni estimulados desde chicos, tal vez haya sido uno de los mayores obstáculos a sortear.

Tener valor no es sólo tener coraje; eso se experimenta al atravesar algún dolor, ante el primer desencanto amoroso, al atreverse a hacer algo por lo que se temía o al pasar esa barrera –antes infranqueable- de aquello que parecía una utopía a lograr.

Tener valor es confiar plenamente en la capacidad, habilidad y fortaleza interna, más allá de lo que ocurra alrededor. Es adoptar una actitud frente a la vida y sus situaciones que van más allá de la justificación. Es aceptar al ciento por ciento la parte de responsabilidad en cada momento, y, a partir de allí, actuar en consecuencia.

Es borrar los limitantes internos como el "pero", el "no", y es, decididamente, plantarse frente al desánimo y el bajón generalizado de un mundo en constante cambio, para reforzar la fortaleza interna, utilizándola como trampolín hacia lo nuevo.

Para tener valor hace falta confiar. No se trata, en este caso, sólo de una fe ciega en que algo bueno va a pasar (aunque una buena dosis de esperanza siempre aquieta la ansiedad y el desasosiego); sino de revisar conscientemente la cadena interna de confianza y, desde allí, cambiar algunos eslabones que quizás estén débiles ú oxidados, por otros más nuevos, basados en la experiencia que da el proceso de crecer y avanzar en la vida. Así, tendrás una nueva cadena de valor interno para usar como guía y apoyo cuando estés ante los desafíos y obstáculos.

También es necesario atreverse a salir de la zona cómoda: ese espacio que se ha construido donde todo parece normal y difícil de cambiar… aunque se torne poco confortable. Aquí la clave es: un paso a la vez, hacia la meta que quieras proponerte.

Y una vez que la alcanzaste, fijarte un nuevo pequeño escalón hacia delante. Recuerda: "Pequeños cambios microscópicos, hechos en momentos estratégicos, producen un gran impacto."

RECURSOS PARA PONERTE EN MARCHA

Una parte de este proceso para recobrar valor es comenzar a limpiar la mente y las emociones de aquellas toxinas que la han contaminado durante tantos años. Aquí van algunos recursos que pueden ser útiles para restaurar el valor; sencillas formas de comenzar a operar el cambio que quieres observar y vivir de aquí en más:

- Toma varios minutos al día para estar en silencio. Si no estás con disposición o entrenamiento para rotular esto como "meditación", no hay problema: lo importante es que dispongas de un tiempo para estar a solas con vos.
- Esquiva los mensajes tóxicos; por ejemplo, las malas noticias de los noticieros y periódicos (sin por esto vivir fuera de lo que pasa; más tarde o más temprano nos enteraremos de todo lo que necesitamos saber). Es verdaderamente increíble lo que se opera a nivel celular y espiritual cuando dejamos de contaminarnos con tantas malas noticias.
- Utiliza estímulos externos que te ayuden a conectarte con tu valor y la autoconfianza en acción. La música, los aromas, los mandalas, un hobbie abandonado, pueden ayudar-

te a crear una mejor experiencia interna que, luego, llevarás a lo externo en tu andar por la vida.
- Crea una afirmación en positivo: una frase corta, en tiempo presente, que te ayude a recobrar la calma y el equilibrio cada vez que lo necesites. Escríbela y colócala en un lugar visible, y repítela internamente cada vez que quieras.
- Justo antes de dormirte, haz un breve "balance de gratitud": una lista sólo con las cosas por las que estás agradecido. Este es un buen punto de referencia que actuará en un nivel sutil en las horas de sueño, para comenzar a crear una nueva mirada interna al ejercitarlo con constancia.
- Comparte tus dones y habilidades. Esta retro alimentación es fundamental para empezar a cambiar internamente en forma gradual y a sentirte a gusto y plenos, encontrando parte del sentido de la vida.
- Caminar, bailar, reír, estar con amigos del alma, leer, participar de actividades recreativas y donde interactúes con otros, pueden ayudarte a conquistar mayor confianza.
- Busca apoyo en profesionales de las áreas en las que lo necesites. Hay momentos en que es necesario que te ayuden, te guíen y te orienten para desplegar tu propio potencial. Elige personas con las que te sientas a gusto y que promuevan tu crecimiento y tu bienestar.
- Conéctate con la naturaleza. Caminar descalzo en un parque, dedicar un tiempo a la contemplación de las flores, árboles, cielos, estar al aire libre y hacer algún ejercicio que te resulte placentero, produce un mayor estímulo de en-

dorfinas; que son las proteínas derivadas de un precursor producido a nivel de la hipófisis, una pequeña glándula que está ubicada en la base del cerebro. Cuando esta glándula es estimulada, se producen efectos que, entre otros, incluyen paulatina disminución de la ansiedad, y aumentan la sensación de bienestar, tranquilidad, mejora el humor y la visión positiva de los desafíos cotidianos.

Sé paciente. Los resultados se conquistan paso a paso. Este ejercicio sobre la ansiedad te traerá mayor sentido, y disfrutarás más del proceso de recobrar el valor que todos tenemos y que, con determinación y constancia, podrás reforzar y manifestar más claramente en tu vida.

Maneja tus emociones de forma inteligente

"Es muy importante entender
que la Inteligencia Emocional
no es lo opuesto a la inteligencia,
no es el triunfo del corazón sobre la cabeza,
es la intersección de ambas"

David Caruso (1956 -)
Actor estadounidense

LAS PERSONAS OPTIMISTAS

Mantener una actitud optimista es, ante todo, una cuestión de elección. Para muchos puede ser un desafío, acostumbrados a la pesadumbre, la queja y el desánimo permanente. Es importante saber que esta postura nace de creencias muy arraigadas, que por lo general se cimientan en los primeros años de vida, y se reproducen de adultos.

El optimista tiene la habilidad de transformar situaciones y problemas en un aprendizaje continuo. Esto trae como consecuencia una permanente automotivación, que le permite alcanzar su mayor desempeño. Contrariamente a los que muchos piensan, estas personas se distinguen por reconocer los desafíos, no desanimarse y ver las opciones disponibles para resolverlos. Justo todo lo contrario de lo que hace el pesimista. Lejos de evitar los problemas, los asumen y afrontan con mayor rapidez, para convertirlos en lecciones valiosas.

Estas son las cosas que tienen en común las personas optimistas, quizás puedas incorporarlas en la práctica cotidiana en tu vida:

- Mantienen conversaciones positivas. El cuidado del lenguaje y de sus pensamientos es esencial para poder visualizar el aprendizaje, que siempre está presente más allá de las circunstancias. Frases como "no me sale nada bien", "no puedo", "soy un fracaso", "no sirves para nada", "eres un desastre", están excluidas en el diccionario optimista. Por el contrario, se alientan y apoyan a otros a manifestar su mejor versión.

- Caminan mirando adelante y arriba, y con la espalda erguida. ¿Has observado que los pesimistas tienden a encorvarse y mirar hacia abajo? La posición corporal infunde fuerza y poder personal. El subconsciente trabaja a favor si le das estas señales, cambiando la polaridad de tus pensamientos dominantes.
- Varían el tono de voz. No se limitan a hablar, sino a expresar con matices y cadencias alegres mientras transmiten sus pensamientos. La expresión verbal es un aspecto sumamente importante para afianzar el optimismo.
- Escuchan música alegre. Se nutren de canciones con ritmos positivos, que los invitan a ponerse en movimiento, sin dejar de tener sus momentos de relax, e incluso de nostalgia por diversas situaciones. Sin embargo, no caen en el desánimo típico de los pesimistas: reconocen las situaciones y se ponen en marcha para atravesarlas de la mejor forma.
- Controlan los pensamientos negativos. Cuando estás con personas optimistas pronto te darás cuenta que no usan frases automáticas. Se focalizan en lo positivo de las situaciones.

- Se animan a probar cosas nuevas. El optimista vive la vida como una aventura permanente; asume retos y proyecta el mejor resultado posible.
- Saben que la negatividad los daña. Por ejemplo, frecuentar círculos de personas excesivamente quejosas, o que tienen siempre opiniones extremas sobre todo y todos no los favorece: por contraste, muchas veces se autoexcluyen.
- Esquivan ambientes tóxicos. La queja, la rutina y el "no se puede" no entran dentro de su elección de vida.
- El optimista piensa en soluciones. El pesimista, en problemas; es por esto que la vida se les hace más dura y con pocas posibilidades de crecimiento.
- Agradecen a otros, y a sí mismos. Mantienen una actitud de gratitud permanente, y la expresan en pequeños gestos, tal como son el decir "por favor" y "gracias", hasta darse un gusto especial cuando tienen un logro destacado. Un buen ejercicio es dormirte, levantarte y vivir tu día agradeciendo todo y a todos. Pruébalo: no cuesta ni un centavo. Hazlo conscientemente al menos 33 días seguidos y observa los resultados.
- Siempre tienen proyectos y metas; y tienen confianza en sí mismos. Son vitales para mantenerse en acción. Impiden que el "no" los domine; y se enfocan en crear una foto y una experiencia sensorial desde el primer momento. Luego, dejan fluir las cosas, hasta que en algún momento todo entra en sincronicidad y empiezan a ver manifestados los resultados. Creen tan fuerte en sí mismos,

que este aspecto siempre juega a su favor en el equipo del "Yo puedo".
- No juzgan, aceptan y evolucionan. Los juicios, dirigidos hacia sí mismos o los demás, son limitantes muy poderosos para conseguir logros. Por eso prefieren enfocarse en la acción, corregir y seguir adelante.
- Comparten lo que saben y son generosos. Las personas optimistas encuentran en el intercambio de conocimientos y experiencias una de las partes vitales de su éxito, ya que así se retroalimentan permanentemente. Es como una recarga automática de su energía.

Como dijo Churchill, "Un pesimista ve la dificultad en cada oportunidad; un optimista ve la oportunidad en cada dificultad." Es tu elección determinar en qué lado quieres jugar el partido de la vida. Si te entrenas en estos trece puntos, verás cómo más pronto de lo que piensas tu vida dará un giro positivo y optimista.

» EL MOMENTO DE FURIA

La ira y la frustración combinadas producen un impacto negativo dentro y fuera nuestro, en eso que podemos denominar "un momento de furia".

¿Te has sentido así alguna vez? Seguro, ya que forma parte de la condición humana.

La furia, la ira y el comportamiento agresivo son reacciones de lucha fundamentales e instintivas cuando nos amenaza algún peligro. El psicólogo Raymond W. Novaco distingue entre cuatro clases esenciales de provocación que pueden desencadenar este tipo de comportamiento:

- Frustraciones: una mala nota.
- Sucesos irritantes: el ruido en el jardín de los vecinos.
- Provocaciones verbales y no verbales: la sarcástica observación del jefe.
- La falta de corrección y la injusticia: el aumento de los impuestos desproporcionado.

LOS DAÑOS QUE PRODUCE

Las explosiones de furia aumentan el riesgo de sufrir un ataque cardíaco. Dos horas después de que el enojo ha pasado, el riesgo de sufrir un ataque al corazón aumenta cinco veces, mientras que la posibilidad de un derrame cerebral aumenta tres veces.

Desde los gestos y la comunicación no verbal, la furia produce trastornos neurovegetativos que se manifiestan con sudor, palidez, o, por el contrario, enrojecimiento del rostro, temblores, gestos desproporcionados con gritos y violencia, sentimientos de odio que disminuyen la capacidad de raciocinio. La persona sufre contracciones del rostro, acompañadas de una mímica que manifiesta estupor y rabia.

Para comprender mejor por qué nos ponemos furiosos, es importante distinguir que escasas veces la ira extrema se presenta en primer término y sin causa aparente. Por lo general viene precedida de sentimientos primarios de preocupación, culpa, rechazo, injusticia o incertidumbre.

Es importante reconocer el estado anterior a la furia porque cuando comprendemos, analizamos, recolectamos información sobre lo que nos produce este momento podemos generar un marco de contención para no llegar a ser tan dañinos con nosotros y los demás.

Sólo a modo de referencia, va un listado breve de algunas formas de descuido que nos propinamos a nosotros mismos y a los demás:

- Agredimos a personas que no tienen nada que ver.
- Nos desquitamos con aquellos que más nos aman.
- Nos volvemos más torpes e imprecisos.
- Podemos romper cosas para descargar tensiones.
- No medimos las consecuencias.
- Tomamos decisiones apresuradas con graves consecuencias para nosotros y los demás.

- Llevamos las cosas al extremo y no hay modo de tener una visión equilibrada.
- Denostamos, criticamos e insultamos.

FORMAS SENCILLAS DE CONTROLARLA

Enojarse a veces es necesario, ya que nos permite liberar tensiones y desahogarnos. Sin embargo vivir asediados por el estado de ira permanente y furia constante no es para nada recomendable.

Los ejercicios para el control de la furia y la ira tienen el objetivo de transformarlas en elementos de mayor autoconocimiento. Aquí van algunas recomendaciones:

- Anticipa que estás furioso: dí claramente "estoy sintiendo…" de modo tal de anticipar los acontecimientos.
- Entrena tu respiración. Cuando nos vamos calmando, podemos respirar mucho más profundamente y lento, oxigenando todo el organismo, a la vez que traemos más calma.
- Camina y haz algo de ejercicio físico. Mueve tu energía; si quieres, hablando en voz alta. Percibirás que paulatinamente vas aquietando las emociones a medida que lo verbalizas.
- Sal del ambiente de tensión. El moverte del espacio físico donde estás te brindará una perspectiva automática sobre las cosas.

- Si intuyes que podrías tener agresión física hacia terceros, pon a resguardo a las personas y solicita ayuda a una red de confianza.
- Las palabras dañan. Cuida tu lenguaje dentro de lo posible.
- Busca ayuda profesional. Psicólogos, psiquiatras y demás terapeutas, pueden brindarte abordajes apropiados.

» EL DESÁNIMO SE CONTAGIA

"La miseria busca compañía" es una frase popular que alude a las personas que buscan juntarse entre ellas para compartir sus debilidades, en lugar de sus fortalezas. **Si bien hay días en los que se siente el desánimo, la desesperanza y los temores propios de épocas cambiantes, esta forma de expresión humana es altamente contaminante de nuestras emociones y, peor aún, del entorno en el que nos movemos.**

La apatía, incomodidad, umbrales muy bajos de tolerancia y respeto son apenas esbozos de los síntomas que suelen aparecer ante el desánimo.

Lo importante es saber que tener estos sentimientos es normal y forma parte de la condición humana. La búsqueda del equilibrio, plenitud y felicidad se compone de momentos, cuya sucesión presenta desafíos que, si los encauzas, puedes atravesarlos apropiadamente. Mientras tanto, aparecen estas manifestaciones.

A diferencia del mal humor, que puede ser un rasgo de personalidad o del carácter, el desánimo es propio de todos los seres humanos: nadie está exento.

Ahora bien: una vez que se descartaron las cuestiones fisiológicas y psicológicas que pudiesen producirlo, es importante considerar que el desánimo permanente es síntoma de que algo no funciona bien en tu vida, y se hace imperioso analizar, descubrir y elaborar las causas que lo producen si se hace recurrente.

Si bien hay personas que viven en un continuo desánimo que puede volverse crónico, la gran mayoría cuenta con las herramientas apropiadas para traspasar esa barrera y encauzarse en un mayor equilibrio vital, que le devuelva la neutralidad y una experiencia plena y equilibrada en la vida.

El desánimo se produce por un estado individual o del entorno, donde se le entrega el poder a todo lo negativo que da vueltas por ahí: desde una baldosa floja en una vereda, hasta una persona que dijo algo que resuena mal. Hay, también, causas objetivas del desánimo: un diagnóstico con mal pronóstico, pérdidas de seres queridos, estafas, problemas laborales severos. Como ves, la perspectiva no es la misma; aunque, puestos en el momento, todo adquiere la misma dimensión. Y no la tiene.

Hay varios estudios que comprobaron que esta frecuencia vibratoria de los seres humanos es altamente perjudicial, no sólo para quien la lleva consigo, sino para el entorno. Algunas de sus motivaciones se volcaron, por ejemplo, en una experiencia desarrollada por el doctor Lewadowski, publicado en la revista "American Scientific".

Algunas formas en que se produce este efecto contagio son:

- Las relaciones tienen mayor densidad negativa
- Bajan los umbrales de tolerancia
- Se percibe continuamente una visión negativa de las cosas
- Se ponen de relieve detalles menores con tal de tener excusas para la negatividad
- Se exageran los defectos propios y ajenos
- Las conversaciones se enturbian
- Se radicalizan las posiciones sobre cualquier tema
- Los intercambios amables y cordiales pasan a un segundo plano
- Aparece la rispidez y la aridez en los vínculos.
- Desaparece la asertividad: es prácticamente imposible encontrar escenarios superadores
- La comunicación se transforma en flechas que pueden dañar a las personas
- Los esquemas mentales y emocionales se complejizan tanto que alteran funciones fisiológicas, como el sueño, problemas gastrointestinales, taquicardia, fatiga extrema y cambio de hábitos alimenticios, entre otros.

Sucede en todos los ámbitos, desde los vínculos familiares hasta el trabajo; en la calle, en lo cotidiano y en los espacios comunes con otras personas.

Desde lo individual, es necesario descubrir que los estallidos de ansiedad, rabia, pesimismo, bronca e intolerancia son momentos: no son permanentes, y, si sabemos canalizarlos convenientemente, pronto nos devolverán el equilibrio vital perdido.

ALGUNAS CAUSAS

Para aproximarnos a, apenas, algunos ejemplos, el desánimo suele aparecer cuando…

> … no se cumplen las expectativas que se tienen.
> … el enfado no funciona como alerta de que algo produce malestar, sino que se transforma en un comportamiento habitual.
> … se almacena rencor, culpa y resentimiento sobre cualquier situación, sobre todo del pasado, que no se ha elaborado oportunamente.
> … no se gestiona el diálogo con los demás en forma conveniente y oportuna.
> … se es poco flexible, y los paradigmas son tan fuertes que 'el mundo' es el que debe adaptarse.
> … cuando la frustración gana a la oportunidad de transformación.
> … cuando se niega la realidad, y no se hace nada para cambiarla.

HERRAMIENTAS PARA SUPERAR EL DESÁNIMO

- **Cuida tu actitud:** Según como se mire, las cosas pueden ser positivas, negativas, o neutras. Lo neutral te permitirá observar en perspectiva, especialmente lo negativo, y funciona muy bien como un rescate de esos estados, para recobrar el equilibrio. La actitud afecta a todos. El entorno nos define, por lo que influye mucho en nuestra forma de asumir los problemas del mundo.
- **Evita las personas complicadas:** no las invites permanentemente a tu vida; no es necesario.
- **Tómate un recreo de negatividad:** da un paseo, haz ejercicio, escucha música agradable, medita y bloquea momentáneamente tu tendencia a los pensamientos negativos.
- **Observa tus gestos y lenguaje de desánimo:** fruncir el ceño, ladear la boca, decir palabras negativas la mayor parte del tiempo, son comportamientos que se pueden cambiar y entrenar. Partiendo del ejercicio consciente, cambia tu vocabulario, y cambiará tu percepción de las cosas.
- **Pon en perspectiva los problemas:** obsérvalos como si estuvieras arriba y muy distante de ellos. Descubre qué sientes, que ves, que escuchas. Probablemente, te darás cuenta que no son tan graves como pensabas.
- **Haz ecología de la negatividad:** el cambio "climático" en las relaciones las afecta directamente. Reconvierte cli-

mas densos y negativos, y llévalos a lo positivo, o, al menos, a lo neutral: es un excelente catalizador emocional.
- **No intentes cambiar a otros:** apenas se puede con uno mismo.
- **Utiliza refuerzos positivos en todo momento, incluso ante tu desánimo:** música agradable, palabras constructivas, escribe mensajes alentadores para tus compañeros de trabajo, coloca una planta en tu escritorio. No se trata de "disfrazar" lo que está presente, sino de elaborarlo convenientemente, para que no te afecte más allá de lo que merece la pena.
- **Descubre la emoción dominante:** cuando estamos faltos de ánimo se tiende a generalizar. Esta propuesta invita a que analices profundamente qué es lo que produce el estado interno que tienes. El siguiente paso es que pongas en claro el "para qué" lo haces y de qué forma eso te sirve. Si no es pro-positivo, déjalo de lado y cambia.
- **No apoyes expresiones negativas:** si no estás de acuerdo con el desánimo reinante, no tienes que plegarte a esa banda. Haz algo completamente diferente. Escucha empáticamente, puedes decir algo así: "Comprendo cómo te sientes; aunque no lo veo ni siento de la misma forma." Sé claro y positivo en tus comunicaciones, siempre.
- **Restringe tu consumo de noticias negativas:** te ahorrarás una buena dosis de cosas sobre las que no tienes, de momento, ningún control. Ten por seguro que te vas a enterar de todo lo que sea importante para ti.

- **Piensa antes de hablar:** si lo que vas a decir no construye, no es verdadero ni bueno (al mejor estilo de los tres filtros de Sócrates), déjalo pasar. Lo mismo funciona cuando te quieran implicar en asuntos que no te competen. Simplemente, agradece, y sigue con lo tuyo.
- **Agradece todo lo bueno:** esta técnica no falla. Pon palabras e intenciones de agradecimiento durante todo el día, especialmente cuando te sientes con desánimo. Busca hasta lo más mínimo bueno que ya está presente en tu vida, y agradécelo en forma consciente. Practícalo durante 33 días seguidos, sin saltearte este periodo. Observa el resultado: realmente funciona, y lo mejor de todo: es una herramienta que se convierte en instintiva, es gratis y la llevarás contigo de por vida.

Motívate

"Es simple: solo haz que ocurra"

Denis Diderot (1713 - 1784)
Escritor, filósofo y enciclopedista francés

¿DE QUÉ DEPENDE TU MOTIVACIÓN?

Se habla mucho acerca de la motivación, y siempre viene bien recordar algunas bases de este anabólico intrínseco que tienen todos los seres humanos, independientemente de sus características y situación personal.

Como es algo subjetivo, **la motivación depende directamente de la actitud más que de la voluntad. Una buena actitud, incluso en medio de grandes desafíos, siempre te permitirá afrontar mejor las cosas.**

En las organizaciones de todo tipo cada vez más se hace foco en la motivación, que, en esencia, es el conjunto de estímulos que mueven a las personas independientemente de los contextos.

Con una fuerte influencia de los estudios del comportamiento humano, sabemos que la motivación es inherente a cada persona y, también, a grupos y equipos por más diversos que sean.

CARACTERÍSTICAS DE LA MOTIVACIÓN

La motivación es transversal a cualquier persona y organización que necesite salir adelante; forma parte del impulso vital que nos mantiene vivos.

En su construcción, la psicología ha diferenciado algunas características que necesitan ser consideradas para comprenderlo mejor:

Proceso psicológico interno: si bien no puede observarse directamente, sí sabemos que la motivación se "siente" a través de los comportamientos que genera, y la consecución de logros.

Como es un **fenómeno individual,** depende de cada ser humano la forma en que le afectarán e influenciarán los motivadores internos. El mismo motivador, en otra persona, generará posiblemente un resultado distinto.

Desde otra perspectiva, la motivación es **compleja**, ya que requiere un proceso de análisis, integrar experiencias, conocimientos, actitudes y comportamientos, que se manifiestan, a su vez, en forma consciente e inconsciente.

Hay dos tipos de motivación: extrínseca o intrínseca. La primera, viene dada por estímulos externos, desde afuera de la persona -por ejemplo, cuando se entrega un premio a alguien, o se obtiene un logro muy deseado-; en cambio la intrínseca tiene el componente interno de cada persona.

Desde la perspectiva resultadista, motivación es lo que se necesita para estimular el desempeño humano y obtener resultados en cualquier aspecto, no sólo en el plano laboral. Al propender a lograrlo, es **propositiva**, porque promueve y propone un enfoque de energía y entusiasmo, optimismo y entrega, para conseguir lo que se anhela o se desea hacer.

Al hacerlo, el canal motivacional humano va **creando conductas** de actitud, movimiento, actividad y **persistencia,** para lograr resultados más allá de lo inmediato. Es lo que comúnmente llamamos "personas con ganas".

La creación de un marco de experiencias de motivación, **consolida la autoestima,** ya que permite a la persona superar la inercia y la mediocridad media, para entusiasmarse por aquello en lo que ve un resultado, una recompensa interna o externa.

Al compartir este espíritu interno automotivado, recibe una **generación extra de energía; se retroalimenta** para seguir actuando en consecuencia, y crea un ecosistema de entusiasmo y optimismo que se nutre con y de los demás en la misma frecuencia. Por eso es que resulta habitual que personas automotivadas decidan aislarse o separarse de aquellas negativas y poco proactivas, ya que, según dicen, "las tiran hacia abajo".

¿QUÉ MOTIVA A LAS PERSONAS?

Hay características muy claras respecto a los estímulos internos y externos que generan motivación. Una caracterización rápida incluye aspectos biológicos (como saciar el hambre, la sed, descanso apropiado, satisfacción sexual); sociales (logros, poder, autorrealización, reconocimiento); e incluso lo personal (consecución de metas proyectadas en el tiempo; sentido de crecimiento y desarrollo interno; ser escuchado, amado y considerado).

Para motivar y motivarnos, es importante cruzar una serie de aspectos que incluyen, al menos, estos recursos: comunicación asertiva, apertura, gestualidad apropiada, equilibrio y balance entre la vida y el trabajo, socializar y compartir experiencias, tiempo de relax y pausas activas, reconocimiento y planificación de metas.

El desafío es mantenerse motivado y entusiasmado por la vida. Algo tan cotidiano, como la posibilidad de levantarse cada día, para muchos es un gran motor, mientras que para otros, una carga intolerable.

Trabajar en el ajuste emocional interno es esencial para desarrollar la cualidad de la motivación, incluso como una forma sumamente efectiva de atravesar las dificultades propias de la condición humana.

Para lograrlo, aquí tienes más recursos: mantenerse con metas, proponerse objetivos y alcanzarlos paso a paso partiendo de pequeños pasos microscópicos, disfrutar de momentos de quietud y reflexión, nutrirse de visiones positivas de la vida -sin negar la realidad-, incorporar hábitos saludables, y hablar con personas que sostienen su éxito y propósitos, son grandes impulsores para tu motivación.

» DIFERENCIA ENTRE MOTIVACIÓN Y EUFORIA

Para liderar equipos en empresas y organizaciones de cualquier índole, una de las principales condiciones excluyentes en el mundo actual es tener las habilidades para inspirar y motivar a otros.

Como todos los comportamientos de los seres humanos, la motivación parte de una profunda elección personal que se basa, fundamentalmente, en la actitud para afrontar la vida en todos sus planos. Para lograrlo, no necesitas ser un superhéroe.

En términos sencillos hay dos tipos de motivación: intrínseca y extrínseca. La primera es la esencial para mantenerte con un espíritu alto, de motivación, cooperación, entendimiento, visión optimista y una actitud positiva inteligente. La extrínseca es propia de las personas sin iniciativa, que necesitan ser estimuladas permanentemente desde afuera. También engloba todos los recursos que puedes utilizar para automotivarte.

¿Se puede estar motivado todo el tiempo? La respuesta es "Sí". Depende de la actitud de altitud con que enfoques tu cotidianeidad, con los problemas y desafíos inherentes a la condición humana.

Es importante distinguir motivación de euforia: muchas personas piensan que son lo mismo. Lo cierto es que mantener a toda costa una actitud eufórica puede llevarte a graves perjuicios en los planos físico, mental y espiritual. Sin embargo, la motivación es inherente al ser humano.

Piensa, por ejemplo, en los niños en sus primeros años. Les encanta jugar y divertirse; sorprenderse, descubrir cosas nuevas, están abiertos y receptivos y asumen cada momento como una aventura. Eso mismo puede ser emulado, ya de adultos, si te entrenas lo suficiente.

El dominio de tus emociones y de tu mente son esenciales para lograrlo. Empieza de a poco reconociendo tus pensamientos limitantes. Reemplázalos por actitudes estimulantes, y en corto tiempo, podrás mantener un estado de motivación permanente y natural, sin euforia.

Este entusiasmo consciente es, definitivamente, lo mejor que puedes lograr para vivir más plenamente la vida.

LOS SECRETOS DE UN MOTIVADOR

Energía alta todo el tiempo

Una de las principales características de los motivadores es mantener un desempeño enérgico sin ser dominantes. Son líderes fuertes, con la sensibilidad necesaria para adaptarse a las situaciones, dinámica en permanente movimiento, sin perder el foco. Es frecuente que practiquen alguna actividad deportiva a su ritmo, por ejemplo, caminar, jugar con amigos, bicicleta o dedicarse un tiempo en el gimnasio para descargar tensiones y equilibrar su potencia natural para liderar a otros, y poner en balance los planos de la vida. Por ejemplo, cuando dan la mano lo hacen con fuerza, haciendo sentir ese contacto con el otro; y conectan mucho más rápido con prácticamente todo tipo de personas.

Haz refuerzos positivos

Las personas necesitan ser reconocidas, y el motivador dedica un buen tiempo a destacar los aspectos positivos. Incluso cuando hace observaciones a los demás, no se enfoca en los aspectos que se hicieron mal, sino que inspira y desafía desde un lugar de sencillez con preguntas simples, como "¿Qué podríamos haber hecho mejor?". Una característica esencial es la de acompasar el ritmo de las demás personas. No teme en destacar los logros, y no los asume como propios. Busca involucrar a las personas desde el mejor lugar posible, y lo hace en tiempo presente: no deja pasar las cosas para asumirlas por completo.

Mira directo a los ojos

Parte del éxito de la motivación está en el contacto visual, así como en todo el lenguaje corporal. La mirada aporta conexión instantánea. Sin importar que los demás desvíen la suya, el motivador hace foco en lo profundo del ser humano, y, desde allí, comienza a construir lo que se necesita en cada momento. No temer al contacto visual es lo que los distingue de la gran mayoría de las personas, que suelen ser huidizas en este aspecto. Sin intimidar, permite que el otro se acerque también con la mirada, y va venciendo vallas una a una. Es un gran derribador de barreras humanas.

Mentón levemente hacia arriba y sonríe de corazón

¿Has percibido que las personas con alta motivación se destacan y se imponen naturalmente? Incluso teniendo estatura muy baja, no pasan desapercibidas. Hay algo que emanan de su energía personal que las hace más luminosas. Revelando algunos secretos, las personas con habilidades de motivación utilizan algunos rasgos propios de la comunicación no verbal para afianzarlas. La postura del superhéroe, con los brazos en jarra y el torso erguido; el mentón levemente orientado hacia arriba sin llegar a significar arrogancia, y una sonrisa genuina, son tres de las herramientas naturales. Apoya sus ideas con las manos.

Inspira, ejemplifica... pero no digas cómo deben hacerlo

El motivador está enfocado en inspirar a otros y en superar los obstáculos. Parece invencible, aunque no lo es. Tiene sus momentos de retirada y reflexión para cargar energía y volver al ruedo. Cuando necesita corregir errores, despierta la curiosidad en los demás y les da la potencia suficiente para que puedan desplegar su propio potencial. Es usual que proporcione ejemplos sobre el caso en cuestión, aunque rara vez dirá cómo deben hacerlo. Así, logra empoderar a los demás para que busquen las mejores alternativas.

Deja libertad para que el otro procese la información

Este rasgo del motivador es sumamente importante, ya que no todas las personas pueden seguir su ritmo enérgico y determinado. Por eso, sabe contemplar las diferencias de personalidad y comportamientos. Sabe esperar. En un equipo de trabajo, aproximadamente un 35% de las personas aprenden rápido, y el otro 65% tiene otro tiempo de procesamiento. El líder motivador acompaña a ambos equipos, e incluso busca que se apoyen entre ellos. Pone límites y plazos, y evalúa los resultados. Si bien considera los imponderables, busca él mismo y en los demás que se enfoquen en lo que hay que hacer.

Estimula la participación activa
Sin importarle lo que opinen los demás, ha aprendido con la práctica que el aprendizaje se hace experimentando activamente. Propone dinámicas diferentes; establece rutinas de trabajo que salen de lo común, y abre espacios de feedback para que sus colaboradores le digan cómo puede mejorar. Por eso el motivador es seguido con atención y entusiasmo, dos cualidades esenciales para tener concreciones en cualquier aspecto. La atención va de la mano del foco; y el entusiasmo es el combustible del bienestar y la felicidad.

Si asumes este reto, la magia se hará presente en tu vida; y no es un truco: es tangible, real, y te permitirá disfrutar mucho más de cada instante de la vida, sin dejar de atravesar momentos de desafíos. La diferencia es que lo harás desde otra perspectiva superadora y más optimista.

AUTOMOTÍVATE

La motivación es ese empuje interior a la que te entregas en la vida para salir adelante. En definitiva, se

trata de tener entusiasmo, ganas y determinación para conquistar tus objetivos. Si bien para muchas personas motivarse es complejo y esperan recibirlo desde afuera, es indispensable autogenerar esta energía que contagia a todos alrededor.

Como vengo describiendo, la motivación puede ser exógena (de afuera hacia dentro) o endógena (la que tú mismo te proporcionas). Si vives muy pendiente de la opinión y el reconocimiento de los demás, seguramente estás viviéndola en forma exógena, porque lo exterior tiene más peso que tu elección interna.

Hay personas entusiastas por naturaleza. El buen humor contribuye, aunque no es la única cualidad que te sostiene en este estado permanente de conexión con algo superior, que te empuja a seguir y a conquistar tus anhelos. Hace falta, también, una gran dosis de persistencia, enfoque en el objetivo, dirección hacia la meta y fuerza interior para no dejarse caer cuando las cosas se ponen difíciles.

Estudiando casos de cientos de personas con motivación endógena o intrínseca, se han descubierto muchos rasgos en común. Aquí los tienes brevemente explicados, como una guía para practicar y desarrollar tu propio método; y también podrás saber si eres una de ellas, o en qué puedes mejorar:

- **Confían en su fuerza y poder creador.** Las personas automotivadas tienen una profunda certeza de que podrán aprender lo que no sepan, y encarar prácticamente todos los asuntos, incluso los más desafiantes.
- **Contribuyen a mantener una buena autoestima.**

Trabajan conscientemente a favor de sí mismos, y no en contra -como es el caso de dejarse dominar por los pensamientos negativos-.

- **Empiezan con el pie derecho cada día.** Esto significa que ponen su enfoque y voluntad en hacer las cosas de la mejor manera posible.
- **Cuidan su energía.** Buscan rodearse de personas que los acompañen en su proceso de construcción de lo que desean; y se despegan sin más de los pesimistas y derrotistas de siempre.
- **Controlan sus expectativas.** Saben que, en el proceso creador de su realidad, hay cosas que pueden salir diferentes respecto a lo que planificaron. Sin embargo, no se dejan caer y aprovechan cada obstáculo como un escalón de aprendizaje hacia algo superior y mejor.
- **Mantienen presente la recompensa.** Esto significa que visualizan muy claramente el estado actual -de inicio de las cosas- y el deseado -al que arribarán-. Y en el medio, el camino es lo que los nutre de energía vital para avanzar. Al final, obtendrán la recompensa como consecución del paso a paso.
- **Son agradecidos.** Las personas automotivadas no escatiman en reconocer a quienes los acompañan en su proceso hacia la meta. Tienen gratitud por cada experiencia; exprimen el día de forma tal que obtienen mucho "jugo" para absorber más allá de lo que sucede con ellos y alrededor.
- **Practican la empatía, la cualidad de mirar la vida desde los ojos de los demás.** Ponerse en el lugar de los

compañeros de ruta es una gran clave para fortalecerse en aquellos aspectos que necesitan, y, a la vez, estimular a los demás a seguir adelante.

- **Se autolideran y analizan sus pasos.** Esto implica que asumen su responsabilidad al ciento por ciento, y le esquivan a todo aquello que sea victimizarse. Sacan conclusiones y no temen a ir profundo en lo que necesitan revelar de sí mismos. Cuantas menos sombras tengan dentro, más despejado estará el camino hacia afuera.

Como dice Jack Nicklaus, ex golfista profesional norteamericano, la clave está en *"Centrarse en los recursos que posees y no en tus fallos. Los errores son difíciles de olvidar, mientras que las cosas buenas de la vida tienen una existencia efímera en nuestras mentes. Pero ¿por qué dejamos que nuestra mente se fije más en los errores? ¿En que nos beneficia eso? El único momento en que debemos pensar en nuestros fallos es con el propósito de aprender de ellos. Al lograr aprender de ellos, acto seguido debes enfocarte en la solución y seguir adelante. Y allí nace tu automotivación cada día."*

» LA INFLUENCIA DEL LENGUAJE EN TU MOTIVACIÓN

La forma en que nos comunicamos crea estados de conciencia. Quizá esto no sea algo muy difundido o conocido por todos. Y hay algo más importante aún: esos estados de conciencia se manifiestan en la realidad de nuestra vida.

Esto significa que las palabras, los gestos y la actitud corporal que usamos todos los días para comunicarnos determinan anclajes que pueden ser positivos o negativos dentro nuestro y eso influye directamente en el éxito o fracaso nuestra vida. Es así de simple.

Cotidianamente, en promedio todos utilizamos el mismo vocabulario. Sin embargo, hay palabras que tienen una carga negativa muy fuerte. Son aquellas que pueden transformarse prácticamente en cadenas que nos amarren a situaciones no deseadas.

Si estamos pasando por un momento de tristeza, nostalgia o de victimización hacia nosotros mismos, un buen ejercicio es el de observar detenidamente cómo nos estamos comunicando.

Por ejemplo, **la actitud del "pobre de mí", utilizar con mucha frecuencia palabras como "pero", "no" o expresiones como "no, pero..." o "no sé", automáticamente nos llevan a tener una visión negativa de todo lo que nos está rodeando.**

También podemos observar estas actitudes en las personas de nuestro entorno. Probablemente sea mucho más fácil verlos en otros que en nosotros mismos, ya que todos somos muy buenos dando consejos hacia los demás, pero no tan buenos dándonos buenos consejos a nosotros mismos.

Por esto, compartimos a continuación tres pasos para tomar conciencia del aquí y el ahora en la forma en que nos estamos comunicando.

Primero: observar nuestras palabras. Observa

conscientemente de qué forma te estás dirigiendo, y de qué manera expresas tus ideas. Mira, también, el resultado que obtienes. Si muchas veces no alcanzas a un final satisfactorio, es muy probable que la falla esté en la forma de tu comunicación.

Segundo: actitud corporal. De qué manera nos paramos, qué postura física adoptas frente a cada situación. Por lo general, en situaciones con personas a las que le das mucho poder, la actitud tiende a encorvarse y meterse para adentro, logrando únicamente encerrarnos dentro de nosotros y como consecuencia, no siendo tan asertivos como la situación ameritaría. Una postura erguida, balanceada entre los dos pies, con firmeza -que no significa rudeza-, podría ser más conducente en muchas situaciones.

Tercero: posición de escucha. En discusiones de pareja, con socios o con amigos, siempre es importante mantener la posición de escucha. Esto permitirá alejarse de la cuestión que produce ese enfrentamiento o el enfado del momento; facilita el tomar distancia, para asumir una tercera posición para mirar en perspectiva. Desde allí es más factible que puedas acceder a una mayor claridad y asertividad para comunicarnos mejor y con más efectividad.

» INNOVACIÓN EMOCIONAL PARA EMPRENDER CON ÉXITO

Emprender se ha convertido en una alternativa para millones de personas que buscan trabajar por su cuenta y llevar adelante sus proyectos e iniciativas. Sin embargo, muchos se lanzan sin tener las condiciones básicas a considerar.

La tasa de supervivencia de emprendimientos es llamativamente baja: 7 de cada 10 no superan los 3 años de vida. Los datos son generales y corresponden a países de Hispanoamérica, en un promedio general.

Para tener mejores chances de éxito, es necesario tener en cuenta algunos aspectos claves que, muchas veces, son pasados por alto por la pasión y el entusiasmo al emprender

Analiza el mercado mientras te pones en acción. Es necesario que reúnas toda la información posible. En muchos casos es importante contratar un estudio de mercado; también puedes hacer encuestas con plataformas sin costo, relevar información de cinco años a esta parte sobre experiencias parecidas; e, incluso, ver qué están haciendo en tu segmento en otros lugares del mundo. Esto te traerá inspiración y motivación.

Inspírate modelando a los exitosos y prepárate en múltiples frentes. Lee biografías, busca conocer personas que ya pasaron por el proceso en el que estás. Participa en ferias, exposiciones y conferencias, para hacer networking y empezar a mover tu proyecto. Confecciona tus tarjetas personales profesionales, y tenlas siempre a mano. Desarrolla todas las herramientas de soporte, como la web, folletos, flyers, cartelería, elementos de promoción, decoración, etcétera. Todo lo que te ayude a "visualizar" con todo detalle que ya estás en marcha y que tu plan no se detiene.

Contrata un contador de excelencia. invierte en un

muy buen profesional que tenga experiencia -sí o sí- en armado de pequeñas y medianas empresas. Si es un contador estándar *no sabrá orientarte bien*, y te hará perder mucho dinero. Si es uno que tiene o ha tenido su propio negocio, mucho mejor, porque posee noción de la experiencia que necesitas. No busques contadores muy sofisticados o que vengan del mundo corporativo grande (no te ayudarán en la dimensión de negocio que, por lo general, tienes en los comienzos). Ya sabes aquello de "lo barato sale caro."

Toma cursos gratuitos que hay para armado de emprendimientos y planes de negocios. Baja de internet modelos de planes de negocios, y complétalos con la mayor precisión posible. Aprende de finanzas, contabilidad y manejo de recursos humanos. También deberás conocer sobre relaciones laborales, leyes e impuestos. Todo esto, en un nivel básico. Podrás contratar a los profesionales expertos para que te asesoren. Sin embargo, te recomiendo que no pierdas el control de lo que te digan o hacen: hay muchos que te orientarán erróneamente.

Enfócate en el negocio además de tu producto o servicio. Un error frecuente es hacer lo contrario, que es lo más apasionante: diseñar tu marca, posicionar el producto y lo que haces, pero descuidas el negocio. Un emprendimiento es una empresa pequeña: necesitas cuidarla desde el arranque, y hacerla sustentable. De lo contrario, caerá en poco tiempo.

No trabajes con familiares ni amigos. Es altamente contraproducente, aunque a priori te parezca que no. Las relaciones se confunden, y en algún momento será un búmeran que te vuelva en contra. Es más sencillo dirigir equipos con los que no tengas vínculos: hay muchas personas excelentes, formadas y capaces para acompañarte, con menos nivel de conflicto potencial. Asesórate muy bien sobre las formas de contratación actuales para evitar problemas. En caso de que decidas hacerlo con personas muy allegadas, debes tener las reglas muy claras sobre toma de decisiones, incumbencias y, sobre todo, poner todo por escrito por más que esto te parezca demasiado formal: te ayudará a evitar dolores de cabeza.

Si estás armando un emprendimiento familiar: necesitas saber que la dinámica de "la pasta del domingo" estará muy metida en el alma del negocio. Por lo que deberán ser muy claros con la organización, organigrama de funcionamiento, participación accionaria firmando todos los documentos y contratos que corresponda, etc. Hay que ser claros desde el origen y tener todo formalizado como corresponde. Consulta con el contador, el abogado y un escribano de ser necesario. No des pasos en falso.

Estipula un presupuesto anual que considere todos los aspectos de costos, e incluye aspectos que se dejan de lado siempre, como tu salario (como socio fundador). Esto es fundamental, porque si bien le vas a dedicar prácticamente todos los días de tu semana al emprendimiento, necesitas verte recompensado de la mejor forma posible.

Contempla porcentajes para publicidad y comunicación, ya que los vas a necesitar: no son aspectos residuales de tu previsión, sino esenciales para hacer mover el negocio. Por más que tengas una gestión de redes sociales autogenerada, eso tiene un costo/hora tuya, y también -por ejemplo- de pensar y diseñar los contenidos. Todo esto debe estar valorizado en tu presupuesto.

Planifica por lo menos los 2 primeros años; evalúa semanalmente el avance y los resultados. No confundas facturación con ganancia. Necesitas aprender a hacer bien las cuentas para no estar todo el tiempo en rojo en tu vida, con tanto esfuerzo personal y casi ningún resultado económico. Lo mereces, así que trabaja a conciencia estos aspectos.

Proyecta a 5 años todo el desarrollo de la empresa. El plan de negocios te va a ayudar. Mantén tus sueños por escrito, por más ilusorios que parezcan ahora. Sostenlos, y bájalos con metas, objetivos, medición de resultados, fechas límite y plazos, recursos, etc. Haz todo tangible desde el primer momento.

» LA MOTIVACIÓN PARA LOS EMPRENDEDORES

Acerca del proceso de emprender hay muchos mitos, y también algo de verdad: la realización personal, en un sentido profundo, por lo general está relacionada con la posibilidad de llevar adelante las metas y objetivos propios.

Dentro de los mitos, está eso de que "todos pueden emprender". En un aspecto general y utópico esto es cierto, aunque lo que no se dice es que emprender -en efecto- es para todos; *pero no para cualquiera.*

Emprender es un camino arduo, trabajoso, sumamente incómodo; donde no tendrás prácticamente tiempo la descansar y mucho menos, vida propia en un comienzo. Demorarás unos cinco años en ver los primeros resultados, y tal vez algunos más para darte cuenta si tu negocio funciona, por más que tengas explosiones de éxito y ventas, y un rotundo éxito comercial.

La medida del emprender no se mide exactamente como un "mejor sueldo y beneficios", como en los empleos fijos. **El emprendedor busca algo más, un sentido, un propósito de realización. Algo que lo conecte con lo trascendente de ese hecho fundacional en su vida.**

El emprendedor sabrá aceptar las frustraciones, decepciones, vaivenes económicos, traiciones, deslealtades, envidia y hasta ver cómo sucumbe su sueño y anhelo.

También necesitará enfocarse en mantener vivo su plan para llevar el proyecto adelante: serán tantas las trabas y condicionamientos -sin importar en qué lugar del mundo se encuentre- que sólo su gran fortaleza interna lo hará posible.

¿Te parece un poco extremo? Anímate a emprender, y lo conocerás en carne propia.

Lo importante es mantener firme la automotivación, consciencia y perseverancia; persistir; completar el proceso cada día, y volver a empezar al siguiente, creando una rueda virtuosa que no se detiene. Sólo así se producirán los resultados.

Para mantenerte en foco y con la energía lo suficientemente

alta para seguir adelante pase lo que pase, es importante tener en cuenta algunas cosas. Estos tips que pueden ayudar a automotivarte:

Analiza los contextos y no tomes decisiones en base a información parcializada o fragmentada: es necesario ver el todo de las cosas. Esto consume mucha energía.

Desmenuza los puntos en conflicto cuando estás en problemas. Ponlos en perspectiva, y define una acción concreta para cada uno, y su plazo tangible de ejecución. Considera estos pasos sólo si son importantes. Si no lo son, déjalos de lado, o delega esa tarea en otros. No te enredes en cosas que no son relevantes.

Mantén el equilibrio entre lo urgente y lo importante. Aprende a priorizar para no sobrecargarte.

Desconéctate con pausas activas: caminar, meditar, hacer deporte, conversar con un amigo, leer un libro que no tenga que ver con lo profesional, escuchar música, bailar, todo esto ayuda. Recupera energía: lo necesitas todo el tiempo.

Inicia el día poniendo una intención positiva de qué quieres lograr ese día. Aquello que TÚ quieres lograr, y no en lo que SE ESPERA DE TI desde fuera (el mundo, tu familia, un socio, etcétera). Pon en alto tus metas, y bájalas a la tierra con un plan concreto: sólo así se construye la realidad. Para terminar el día, haz una lista de gratitud: dar las gracias, incluso, por lo que te desafía, es una gran llave para abrir más claridad durante el sueño.

Si estás en medio de un resultado inesperado: dale vuelta y transfórmalo en aprendizaje positivo. Todo tiene una contracara, y, capitalizando la experiencia por más negativa que sea -por ejemplo, si te estás fundiendo con tu empresa-, una vez pasado ese momento (recuerda la máxima del emprendedor: "esto también pasará"), podrás ver cuánto has aprendido en el proceso. Es doloroso, tiene un costo. Necesitas atravesarlo y sacarle el mayor provecho posible.

Mantén tu **organización del tiempo:** esto es fundamental para no estresarte.

En momentos de **rutina o tareas que no te gustan,** descubre qué hay de aprendizaje nuevo para ti; de esta forma le encontrarás el sentido.

No hables con cualquiera de tus planes. Mejor aún: háblalo con casi nadie. Mantén en total reserva los proyectos hasta que se concreten: la envidia existe, y no ayuda demasiado para motivarse y emprender.

Busca consejos en personas exitosas. El que es un fracasado o está en un mal momento no podrá aconsejarte bien, porque sentirá envidia (por más que sea una persona muy querida, como, por ejemplo, tu pareja o tu familia). Drenarán y consumirán tu energía, y esto afectará tu vida y tu proyecto.

Ten *el éxito* que te mereces. La suerte es la excusa de los cobardes que esperan un factor externo para que las cosas sucedan. Si eres emprendedor nato, sabes que es el éxito lo que anhelas y lo que, en definitiva, construye un resultado tangible.

La motivación en el plano laboral

"Tener éxito no es aleatorio;
es una variable dependiente del esfuerzo"

Sófocles (496 a. C. - 406 a. C.)
Poeta trágico griego

LA SUTIL DIFERENCIA ENTRE EFICIENCIA Y EFICACIA

Hay un rasgo muchas veces desconocido por los teóricos del management y la gestión organizacional: el estado interno de las personas, es decir su involucramiento emocional.

En la Innovación Emocional, el tema de este libro, el involucramiento en las emociones es el es el eje central de la satisfacción y la gestión del compromiso y la responsabilidad. **Con equipos equilibrados emocionalmente y automotivados es más sencillo alcanzar los objetivos más arduos de cualquier emprendimiento**, y, a la vez, poner en la balanza el bienestar y la felicidad de cada individuo.

Las organizaciones de todo el mundo están cambiando aceleradamente, aspecto que impacta directamente en el diseño del futuro del trabajo. Uno de los temas centrales que se debate desde hace décadas es la relación entre eficiencia y eficacia. Es muy frecuente que se confunda el profundo significado de ambos términos.

¿Se deben hacer las cosas con un mínimo de recursos para lograr un rendimiento máximo? ¿O es posible hacer las cosas bien para alcanzar el resultado deseado? Son dos polos sutilmente distintos. Yendo más profundo, ¿el hacerlo en forma eficiente, o eficaz, genera el mismo estado interno en las personas?

La eficacia, según el diccionario, es la capacidad de lograr un efecto deseado o esperado. De esta forma, una persona tiene rasgos de ser eficaz cuando logra hacer una tarea u objetivo que se ha propuesto.

La eficiencia, nuevamente en las páginas del diccionario de la Real Academia Española de la Lengua, dice que es "la capacidad de disponer de alguien o de algo para conseguir un efecto determinado". Concluimos en que se es eficiente cuando se alcanzan los objetivos y tareas con los recursos a disposición.

En la eficacia hay algo más que mueve esa energía: es el involucramiento emocional. Por lo general, las personas eficaces se sienten satisfechas generando el resultado que se espera de ellos, y, además, sienten esto en sí mismas. Se produce una entrega más abarcativa y no sólo operativa ("hacer las cosas"), se involucra al Ser en su sentido más profundo. Aparece el sentido de logro; se plasma más profundamente el propósito del equipo; y hay una mayor satisfacción personal al cumplir las metas.

He aquí, entonces, donde radica desde el punto de vista motivacional del ser humano, la gran diferencia entre eficiencia y eficacia.

¿Dónde te colocas tú frente a las tareas? ¿Simplemente las haces porque te lo ordenan? ¿O eliges hacer las cosas y sentirte satisfecho por el resultado? De esto depende en gran parte tu sentido de pertenencia, el placer y el propósito de estar haciendo las cosas con un legado mayor que aparece desde tu involucramiento.

EL ARTE DE MOTIVAR EQUIPOS

En las empresas y organizaciones de todo tipo se buscan personas entusiastas y automotivadas. Sin embargo, ¿qué sucede cuando los equipos están desmotivados? ¿Hasta dónde se puede forzar tu entusiasmo y compromiso?

Son frecuentes las quejas de los empleados -por más jerárquicos que sean, por más bonus que reciban a fin de año- acerca de sus líderes. Reflexiona que, si eliges estar en ese lugar por el momento, necesitas adoptar las reglas del entorno. O bien, propone reglas mejores y superadoras, cueste lo que te cueste.

Por otra parte, hoy las organizaciones necesitan otro tipo de directivos: optimistas, creativos, innovadores y decididos. La motivación y automotivación es esencial.

Te invito a conocer la historia de estos dos líderes. Sus herramientas pueden ser de utilidad para los que son líderes en sus organizaciones, para aquellos que aspiran a serlo; pero también para cualquier persona que quiera aplicarlas en su familia, entorno laboral o en si misma.

VE A LA RAÍZ DE LOS PROBLEMAS

El sector de la empresa en cuestión atravesaba un momento global muy complejo. El valor de referencia de su producto había caído tanto que las finanzas de la compañía tecleaban por hacer equilibrio.

Si bien la empresa es fuerte y sólida, pasado un año de consumir las reservas y no generar prácticamente nuevos ingresos, el desafío era seguir funcionando.

El CEO, joven y entusiasta, de una mentalidad muy abierta, empezó a trabajar de raíz diariamente, uno a uno, los problemas de motivación en su equipo. Estas son algunas de las decisiones que tomó:

- *Apuntó aún más a la profesionalización.* Contrató un líder comercial que tenía antecedentes valiosos en la competencia, y sumó, a la vez, a alguien de confianza de aquel, para que formaran un tándem de trabajo que pudiese estimular a los demás.
- Dejó de participar de muchas de las instancias operativas de la compañía -que, por su personalidad, había llevado adelante hasta entonces-. *Delegó* esta tarea en un equipo consultivo pequeño, de tres personas, con los que empezó a tomar casi todas las decisiones.
- *Se permitió tomar tiempo para elegir las mejores opciones.* Antes, había actuado apresuradamente en muchos casos, sin demasiada información y dejándose guiar por su intuición. Sabía que había cometido muchos errores por su personalidad impulsiva. Esto es muy bueno en la mayoría de los casos, aunque, cuando el mercado se presenta desafiante en extremo, es importante tomar perspectiva y tiempo de análisis.
- *Abrió oportunidades para el equipo interno.* Estimuló con su línea gerencial un proceso de evaluación de cada talento

humano, e incluso promovieron a algunas personas a nuevas responsabilidades. Esto fue alentador y entusiasmó a los desmotivados, ya que pensaban que, en ese contexto, lo único que quedaba era un despido en masa.

Las claves que decidió llevar adelante, y que surgieron como consecuencia de un profundo insight durante el proceso de coaching para CEO, fueron, en este tramo, profesionalizar, delegar más, tomar tiempo para decidir mejor, y abrir oportunidades al equipo interno, por pequeñas que sean.

TOMA UNA DECISIÓN Y SOSTENLA DURANTE UN TIEMPO PRUDENCIAL

Muchos líderes son reactivos, y esto forma parte de su personalidad. El CEO de un conglomerado farmacéutico necesitó moderar su reactividad típica y pasar al "modo comando de control del descontrol", o piloto de tormentas, en lenguaje sencillo.

Este tipo de personalidades suelen cambiar sobre la marcha, desdecirse y entrar en una profunda contradicción que afecta a toda la organización. Así lo logró este ejecutivo:

- *Aprendió a comunicarse mejor.* En su versión anterior, lo que decía era palabra santa, ¡y cuidado con quien lo desafiara! Si bien casi todos en su numeroso equipo apreciaban su asertividad, sabían que cuando estaba en modo reactivo no podría tomar las mejores decisiones.

- *Se esforzó por pedir que le preguntaran* todo tipo de aspectos para ayudarlo a re-pensar las decisiones. Esto produjo una gran toma de consciencia acerca de la cantidad de elementos que dejaba pasar cuando lo hacía unilateralmente.
- *Abrió un espacio de diálogo con distintos sectores,* por ejemplo, el de producción, del que estaba lejos por cuestiones geográficas y, además, porque su perfil era de estrategia comercial. Empezó a entender.
- *Reforzó la comunicación interna en la compañía,* incluyendo al directorio y a los proveedores clave. Contaba con un área de comunicaciones que, según su parecer, no funcionaba adecuadamente. Estableció parámetros estratégicos y los llevó adelante sin dejar que se desvíen. Trabajó con esta gerencia intensamente durante seis meses hasta hacerles entender el valor de lo que hacían: comunicar. Parecía de perogrullo que la gente de comunicaciones no supiese del valor de esta herramienta fundamental. Por debajo descubrió que la desmotivación del equipo provenía del miedo al cambio.

Observarás que en este caso el CEO se apoyó en un desarrollo de sus habilidades de comunicación, empatía, buscó que lo ayudaran a pensar, abrió espacios de diálogo incluso con los sectores que no conocía -y lo asumió como un desafío-, y reforzó la comunicación interna.

El resultado fue que, al cabo de 14 meses continuos, los números de la empresa empezaron a mejorar siguiendo la planificación que tenían. Es cierto que aún presentaban desvíos, aunque estaban dentro de lo esperable y manejable.

Sobre este pilar empezó la motivación del equipo en su totalidad, la integración de sectores dispersos, y hasta un proyeto de unificación en un espacio físico que fomente la cercanía entre los colaboradores.

» MOTIVAR EQUIPOS CON TEAM BUILDING

Desde hace muchos años cada vez son más las empresas que destinan parte de su tiempo y presupuesto en capacitaciones. Dentro de las actividades, hay una que trae excelentes resultados si está correctamente diseñada y guiada profesionalmente: el "team building", en español, 'construcción de equipos'.

Se trata de realizar actividades que tienen como propósito fomentar el trabajo en equipo, la integración, la superación de desafíos y lograr una mejor coordinación y comunicación, que redunde en beneficio de la empresa y en el espíritu individual.

Se pueden hacer dentro o fuera del espacio de trabajo, aunque por su impacto, dimensión, duración y diversidad de alcances, es recomendable buscar entornos diferentes a los cotidianos.

Algunos responsables de recursos humanos o líderes de empresas consideran que se tratan de actividades de ocio; sin embargo, esto se aleja de la realidad, porque si bien se crea un clima divertido, de camaradería y entretenimiento, el objetivo central de un team building es el de construir equipos y transmitir los mensajes y las metas de la organización.

PRINCIPALES BENEFICIOS

Algunos estudios de 2016 afirman que **los participantes de eventos de team building son un 45% más propensos a permanecer en la empresa; y, luego de participar de estas actividades, un 93% declaró sentirse más valorado y motivado** para desempeñar sus tareas.

Según resume un estudio publicado en el Journal of Management Development, el 60% de los empleados que realizan actividades team building físicas o con desafíos, afirma que, como consecuencia de estas prácticas corporativas, los equipos:

- Sienten que se conocen más.
- Que afianzaron la confianza interpersonal.
- Que accedieron a ver otros aspectos de sus compañeros.
- Mejora la motivación de los trabajadores.
- Se comunican mucho mejor.
- Crece el autoconocimiento, fortalezas y debilidades de la persona.
- No hay jerarquías formales: todos aprenden, todos cooperan, todos participan.
- Mejora el ambiente de trabajo y la creatividad.
- Se detectan rasgos de personalidad ocultos en la oficina.
- Potencia el liderazgo.
- Aumenta la resistencia al estrés.
- Estimula la confianza.
- Potencia el trabajo en equipo.
- Mejora la reacción de astucia, ingenio e innovación ante situaciones desafiantes.

Hay un error muy recurrente que es el de pensar que sólo se necesitan actividades físicas y juegos. Esto tuvo su origen en los entrenamientos militares de Estados Unidos en los años '40 y '50; y muchas de esas técnicas son las que aplican aún hoy quienes ofrecen estos servicios.

En la actualidad no es exclusivamente así: limitarlo a eso sería darle un marco pobre y poco creativo al inmenso potencial a desarrollar para estimular la construcción de equipos.

El team building ha evolucionado. Los equipos tienen diferentes edades, son multiculturales, y necesitan de otro tipo de estímulos más allá de lo puramente físico.

LAS ACTIVIDADES DEL TEAM BUILDING

Para las empresas es importante encuadrar la actividad en su plan estratégico. Resulta conveniente que esté inserta como corolario de un proceso, o disparador inicial, para darle continuidad, sentido, arraigo y potencia para visualizar resultados concretos.

Tener una jornada llena de adrenalina está muy bien; aunque es mucho mejor si hay un propósito que la guía, y objetivos mensurables al final. El cómo queda en manos del coach profesional entrenado en manejo de grupos, donde estará no solamente guiando sino conteniendo, encauzando, resignificando y encuadrando cada actividad, con el objetivo de la empresa.

De esta forma la inversión se amortiza automáticamente; y se puede dar seguimiento con otras acciones anteriores o posteriores al team building en sí, para fortalecer los aspectos a trabajar.

También se recomienda incluir dentro del diseño alguna actividad que resulte provechosa para los programas de RSE Responsabilidad Social Empresarial de cada compañía, alineada con su perfil y alcances.

Algunos tipos de team building, son:

Físicos: desafíos, ejercicios y práctica de actividades que difícilmente el colaborador haga por su cuenta, con la contención y encuadre del coaching profesional. Escaladas, caminatas, remo, postas, clases de distintas disciplinas con sentido para anclar los mensajes y contenidos de la organización; y puestas en entornos de naturaleza en general.

Arte y creatividad: entrenamientos con pensamiento lateral, innovación, estímulos de cooperación, desempeño individual al servicio de lo grupal. Talleres de arte, jornadas de experimentación cinematográfica, muralismo, escribir y publicar un libro en un día. Teatro e improvisación. Magia y Mentalismo, incluyendo un espectáculo presentado por los colaboradores.

Experiencias completas: se trata de team building que contemplan un registro en varios niveles de los participantes. A modo de referencia, he desarrollado "Creactivo" junto a una compañía de acrobacia de fama mundial, donde los colaboradores se entrenan y diseñan un espectáculo que presentan al final del día; "Jazz & Coaching", un espectáculo corto con un trío de jazz que intercala vivencias del coaching motivacional; "Magic Motivation", team building que combina la motivación en masa con atracciones de ilusionismo, por citar unos ejemplos que realizo en distintos países.

Viajes o teamwork mediante conferencias motivacionales interactivas: Cuando necesitan enlazarse a distancia varias sedes, incluso en diferentes países, las conferencias motivacionales se valen de la tecnología e interactividad para que, cada equipo desde su lugar, aporte su parte para conformar un solo evento integrador, sin importar las fronteras.

Cada compañía necesita decidir, primero, la inversión que quiere realizar. Es usual que empiecen a solicitar cotizaciones sin tener en claro qué quieren. Por eso es indispensable que definan los alcances de lo que desean hacer, el público interno a impactar, los ejes a trabajar y el presupuesto disponible. De esta manera se pueden realizar actividades sumamente interesantes, productivas y de resultado probado, con alto impacto.

DÍAS Y DURACIÓN

Se recomienda que se organice la actividad dentro de los horarios laborales, ya sean de corta duración o de varios días. De esta forma, el colaborador estará más dispuesto a participar y no sentirá que la empresa le resta tiempo personal.

La duración se estimará de acuerdo a los objetivos que tenga la empresa; pueden ser una mañana completa finalizando con un almuerzo; o un día completo, donde siempre se incluyen recesos y períodos de descanso.

Para inmersiones completas, puede tomarse parte de la semana y un fin de semana, en este caso, el sábado y domingo las personas dispodrán de mucho tiempo libre para que lo utilicen a su gusto, o con un completo menú de alternativas optativas en el mismo lugar.

¿CÓMO LOGRAR QUE TODOS PARTICIPEN?

Un temor frecuente de las empresas es que ciertas personalidades sean reticentes a participar. Aquí es clave el rol del coach líder, que debe tener al menos diez años de experiencia en manejos grupales y un aval importante de sus clientes. Todo falla si el coach no está suficientemente entrenado; lo mismo sucede cuando solamente se ponen a cargo a profesionales del deporte que, si bien pueden cumplir muy bien con su tarea, no tienen las incumbencias suficientes para sobrellevar el estímulo emocional que se requiere. El rol del facilitador es fundamental; es tan esencial como la dinámica que se ofrezca.

La concurrencia puede ser obligatoria según lo estipule la empresa; aunque siempre habrá alguna reticencia de ciertas personas para hacer una actividad distinta, por el miedo a lo desconocido.

En estos casos, se recomienda trabajar desde las semanas previas, la comunicación interna de la actividad, incluso haciendo sensibilización con algún taller grupal por áreas, y estimulando el espíritu de cuerpo que se necesita crear mucho antes de llegar al lugar elegido.

ASPECTOS ORGANIZATIVOS

El traslado y la música que lo acompañe; las atenciones; la inscripción; los kits; los materiales de trabajo; ropa para la actividad;

la calidad del catering; los seguros; la condición física y de alimentación de cada miembro del equipo. Todo suma para crear experiencias invaluables que se perpetuarán en la mente, y, sobre todo, en el corazón de cada colaborador. Este es el objetivo.

» ¿QUIÉN MOTIVA AL MOTIVADOR DE UN EQUIPO?

El encargado de un restaurante de Buenos Aires trabaja con una dedicación tal que, en el resultado ante el cliente, el gran equipo de camareros, personal de cocina, ayudantes, recepcionistas y adicionistas parece una orquesta bien afinada. Por turno seguramente atienden a unos 300 comensales en dos locales, por lo que la estrategia y sincronización necesita estar bien afianzada para lograr mantener la reputación que tiene la marca hace más de una década. Es indudable que las personas con posiciones de responsabilidad dentro de todo tipo de organizaciones suelen tener algunas características que los hacen más aptos que a otros para asumir esos roles. Si bien hay personas que no cumplen la regla, por lo general en todo tipo de empresas y negocios se busca que en los puestos clave haya personas con conocimiento, velocidad de respuesta, liderazgo y habilidades de dirección.

Algunas de los motivos por las que sólo ciertas personas acceden a esas posiciones, son:
- Poseen un temperamento especial que facilita la resolución de problemas.

- Son rápidos y les gusta trabajar.
- Sostienen el enfoque en lo que hay que hacer.
- No se dejan amilanar ante las dificultades.
- Pueden cambiar rápidamente de ámbitos de interacción.
- Manejan más de un idioma.
- Toman decisiones en fracciones de segundo.
- Cumplen con los estándares del servicio a su cargo, y, a la vez, resuelven imprevistos.
- Tienen la última palabra en muchos aspectos que hacen a la excelencia de la experiencia que se desea brindar.
- Poseen una automotivación contagiosa, que es independiente de las características de su temperamento.

Ingeniero de profesión académica, ha descubierto que la gran cantidad de procesos que debió manejar en su carrera anterior le vienen muy bien para sistematizar la organización de los restaurantes. Desde esta perspectiva, ha podido hacer contribuciones valiosas para la empresa y los inversionistas.

A la hora de plantarse frente al equipo que lidera, reconoce que suele ser mucho más divertido y entretenido que en una conversación con un cliente, dejando su rictus un tanto formal con su gente, que lo diferencia de cuando aborda a los comensales para brindarles calidez en el servicio, ofrecer alguna cortesía o chequear que todo esté a su gusto.

Sin embargo, problemas hay en todos lados; y es allí donde el motivador necesita recargar las pilas para ir mucho más profundo en sí mismo, y propulsar su automotivación.

Cualquier empleado que no haya pasado por la experiencia de gerenciar un proyecto, o ser dueño, podrá decir, simplemente, que "el motivador debe ser motivado por la cabeza de la empresa."

Esto no necesariamente es así en un entorno global, con negocios cada vez más diversificados, e incluso funcionando a la par en diversos continentes.

Es por eso que el **líder** elegido en cualquiera de las funciones clave de una organización, **necesita tener como condimento indispensable la dosis suficiente de estima personal, reconocerse valioso, poseer una gran confianza en sí mismo y en el equipo,** y, sobre todo, acceder rápidamente a las coordenadas de la automotivación.

Esto vale también para cualquier miembro de una fuerza laboral: si todos necesitaran ser motivados en forma externa (exógena), los dueños o altos directivos no tendrían tiempo para gestionar, ya que una gran parte de su día se irá en motivar a las personas. Sin embargo, sin descartar ésta opción más que válida, las organizaciones buscan personas automotivadas (motivación endógena), no sólo en posiciones de liderazgo de equipos, sino en todos los niveles.

¿Por qué? Porque las personas automotivadas se desempeñan mejor; logran enfocarse de tal forma en los resultados, que muchas veces superan los objetivos; y, además, no están pendientes exclusivamente del reconocimiento externo para sentirse a gusto con su tarea.

Lo único que necesita una persona automotivada es saber que su trabajo tiene propósito y sentido. Y esto se ve en el resultado final: si los clientes -en este caso del restaurante- están satisfechos, la misión está cumplida. Y tan sólo eso alcanza en este tipo de individuos para cargarse de la energía suficiente para seguir dando lo mejor.

¿QUÉ PUEDEN HACER LOS DUEÑOS O DIRECTIVOS?

Por carácter transitivo, es altamente probable que esa corriente de energía llegue luego en cascada descendente a todos los otros niveles, buscando una mejora en el desempeño:

- Felicite regularmente
- Sostenga conversaciones valiosas
- Desactive rápidamente los rumores
- No dé lugar a entredichos o conflictos con el líder: resuélvalos rápidamente.
- Ante errores, acepte que están dentro de los márgenes posibles.
- Escuche al equipo lo que dicen sobre su líder.
- Escuche al líder lo que dice sobre su equipo.
- Proponga visiones alternativas, para ayudar a mejorar permanentemente.
- Descubra qué puede hacer mejor su líder, y propóngale un desafío.
- Comparta información estratégica de la marcha del negocio: sabrá apreciarlo y contribuirá de buen modo a resolver mejor los problemas.

¿QUÉ PUEDE HACER EL PROPIO MOTIVADOR?

¿Y qué puede hacer el motivador para automotivarse cuando haga falta? Si viene un apoyo de los superiores será más que bienvenido; mientras tanto, esta lista de sugerencias le proporciona recursos para practicar cada día:

- Sistematice procesos; hágalo por escrito. Comuníquelo claramente.
- Chequee los cumplimientos. Ponga plazos concretos y tangibles.
- Entregue feedback a su equipo; pida feedback de su equipo. Refuerce lo positivo antes de dar feedback negativo.
- Cree rituales con su personal a cargo. Proponga alternativas ante conflictos.
- Cuando observa situaciones de baja de calidad, o de falta de motivación en ciertas personas, trabaje individualmente con ellas.
- Realice alguna actividad por fuera del trabajo: un deporte, meditación, lectura, yoga, estudiar una carrera.
- Amplíe su círculo social para estar conectado con otro tipo de realidades.
- Desconecte del trabajo cuando comparta tiempo con su familia, pareja y amigos.
- Pida consejos a personas de más experiencia.
- Cree un grupo de Gerentes de actividad similar y reúnase con ellos dos horas por mes para intercambiar experiencias.

- Busque lecturas para seguir mejorando.
- No actúe en estados de emoción negativa.
- Busque la serenidad, la misma que ya tiene cuando afronta situaciones con clientes.
- Escriba una lista diaria de las 5 cosas que hizo bien, y las 3 que puede mejorar al día siguiente.
- Mantenga la disciplina del equipo con firmeza, sin rudeza.
- Si hay algo que necesita mejorar, busque los recursos o solicítelos en la empresa.
- Contemple las situaciones en perspectiva.
- Establezca un límite de gravedad de las situaciones habituales: por ejemplo, un semáforo; esto le ayudará a dimensionar realmente los problemas, y no se sobre-implicará de más ni los magnificará.
- Haga coaching, psicoterapia o alguna disciplina de autoconocimiento.
- Establezca límites a las personas conflictivas.
- Busque un mentor para conversar periódicamente y analizar puntos de vista distintos. Enriquézcase con la experiencia de otros.
- Cree la figura del tutor: enseñe lo que sabe a un principiante y acompáñelo en su proceso de desarrollo dentro del negocio.
- Duerma lo suficiente cada día y aliméntese correctamente.
- Tome notas de los temas principales: no los almacene en su memoria.
- Revise los acuerdos con su equipo cada mes; actualícelos si es necesario.

Con esta guía práctica podrá motivarse a un motivador. Recuerde: no todas las personas poseen este don; por lo que, si ya lo tiene, lo mejor es sacarlo a relucir. De esta forma, sus habilidades brillarán mientras guía a su equipo y se nutre del brillo de los demás. Compartir y cooperar son las dos grandes claves del éxito de los líderes de hoy.

» EMPRESAS RESILIENTES: SUPERAR LOS DESAFÍOS Y SALIR FORTALECIDOS

Así como los seres humanos somos resilientes, las empresas y organizaciones de todo tipo también.

La resiliencia es la habilidad para atravesar problemas de gran dimensión, superar la adversidad por más cruenta que se presente, y reconvertirse en algo nuevo y superador a partir de esa experiencia desafiante. La gran clave es colocarse en la posición de aprendiz permanente.

¿Todos somos resilientes? En esencia, sí; aunque depende del factor de actitud y de autodeterminación para llevar adelante el proceso.

En las organizaciones, conformadas por equipos diversos en edades, formación y responsabilidades, sucede que cuando aparecen estos momentos de adversidad hay personas que se adaptan más rápido que otras. Incluso, muchas deciden desaparecer, renunciando o saliendo de ese entorno, acuciados por el miedo que aparece cuando no saben de qué forma responder.

Más allá de lo puramente actitudinal, cuando hay un aumento de estrés motivado por cambios imprevistos, desastres naturales de gran impacto para la empresa, cambios de directivos de alto nivel que impliquen incertidumbre o desvinculaciones en masa -por citar unos pocos ejemplos-, se aumentan los niveles de cortisol, que son el detonante de mayor estrés.

Así, algunas personas podrán tolerarlo y sobrellevar los cambios vertiginosos de mejor forma que otros, y, aunque sientan miedo o incertidumbre, igualmente se mantienen en acción; mientras que otros se frustran y encierran.

El grupo de los resilientes son los que encuentran la forma, el valor y la energía suficiente para atravesar el desafío, y conducirse a un nuevo nivel de desempeño, donde deberán aceptar las flamantes reglas trastocadas por el impacto del entorno. Ven lo nuevo como un reto, y esto los motiva.

CÓMO PREPARAR A LOS EQUIPOS

Para despertar el espíritu resiliente en las organizaciones es importante trabajar continuamente en el sentido, propósito y visión de futuro, independientemente de las circunstancias. Llegado el momento, se pondrá en acción este proceso y se podrá lograr una mayor adhesión de los equipos. Así funcionan los bomberos, los paramédicos, los expertos en accidentología y en desastres naturales. Imagina lo que sería si cada quien hace lo que se le ocurre en el momento menos indicado.

Algunos ejes a elaborar en terrenos preparatorios son:

- La gestión del compromiso: sabiendo que en equipo todo se puede sobrellevar mejor.
- La gestión de la responsabilidad: individual, con implicancia en el entorno, en lo grupal.
- El cuidado y observación de la sobre implicación: para cuidarse del estrés y sus consecuencias nocivas.
- El marco de contención: la certeza de que hay una preparación previa que ayudará en la adversidad.
- No limitar esta capacitación a los temas típicos de situaciones de crisis, como si fuese un mero manual a seguir: es necesario aplicar la innovación emocional.
- El control individual, entendido como la convicción que tiene cada uno de que podrá afrontar la situación.
- La aceptación de la imprevisibilidad de los cambios: son inherentes a la condición humana, y todos estamos expuestos.
- Los espacios y canales de diálogo: abiertos y francos.
- El cuidado de la salud, la protección de la vida y de las mejores condiciones para cada persona: esencial para garantizar el máximo esfuerzo que se hará llegado el caso.

Crear entornos positivos; utilizar disparadores de entusiasmo y motivación; aprender a hacer lectura de la comunicación no verbal; incorporar el diálogo sobre los problemas, y aprender a no ocultarlos sino afrontarlos, son también parte de lo que las empresas y organizaciones necesitan hacer para despertar la resiliencia innata en cada uno de los colaboradores.

» FRASES DE MOTIVACIÓN LABORAL

Todos necesitamos palabras de apoyo; y a veces, en el mundo laboral, es especialmente importante sentirnos contenidos. Lo más importante es tu propia automotivación para que no dependas de que todo venga desde afuera, sobre todo en épocas donde las relaciones pueden volverse más impersonales. Incluso el estrés cotidiano y la dinámica del trabajo impiden muchas veces que nos acerquemos en un sentido más profundo.

Más allá de las dificultades, incluso si estás en la búsqueda laboral, siempre hay palabras de gigantes que pueden apoyarte. Aquí, una compilación de 21 frases de motivación, especialmente escogidas para ayudarte en el ámbito profesional.

- Si trabajas apasionadamente y realmente convencido de lo que estás haciendo, habrás encontrado la clave del éxito. *Anónimo.*
- El triunfo no está en vencer siempre, sino en nunca desanimarse. *Napoleón Bonaparte.*

- Siempre que te pregunten si puedes hacer un trabajo, contesta que sí y ponte enseguida a aprender cómo se hace. *Franklin D. Roosevelt.*
- Un hombre inteligente no es el que tiene muchas ideas, sino el que sabe sacar provecho de las pocas que tiene. *Anónimo.*
- El trabajo que nunca se empieza es el que tarda más en finalizarse. *J.R.R. Tolkien.*
- Escoge un trabajo que te guste, y nunca tendrás que trabajar ni un solo día de tu vida. *Confucio.*
- El éxito no se logra sólo con cualidades especiales. Es sobre todo un trabajo de constancia, de método y de organización. *Víctor Hugo.*
- El éxito en la vida consiste en siempre seguir adelante. *Anónimo.*
- El 80% del éxito se basa simplemente en insistir. *Woody Allen.*
- La motivación nos impulsa a comenzar y el hábito nos permite continuar. *Jim Ryun.*
- Un líder es alguien que conoce el camino, anda el camino, y muestra el camino. *John C. Maxwell.*
- El éxito no es la clave de la felicidad. La felicidad es la clave del éxito. *Albert Schweitzer.*
- Cuanto más tiempo pase sin que actúes, más dinero estás dejando de ganar. *Carrie Wilkerson.*
- Nada es particularmente difícil si lo divides en pequeños trabajos. *Henry Ford.*

- He aprendido que los errores pueden ser tan buenos profesores como el éxito. *Jack Welch.*
- Normalmente, lo que nos da más miedo hacer es lo que más necesitamos hacer. *Timothy Ferriss.*
- Si crees que puedes, ya estás a medio camino. *Theodore Roosevelt.*
- Mantente alejado de aquellas personas que tratan de menospreciar tus ambiciones. Las personas pequeñas siempre lo hacen, pero los verdaderamente grandes hacen sentirte que tú también puedes ser grande. *Mark Twain.*
- Definitivamente quería ganar mi libertad. Pero la principal motivación no fue hacer dinero, sino causar un impacto. *Sean Parker.*
- A menudo las personas están trabajando duro en la cosa equivocada. Trabajar en la cosa correcta probablemente es más importante que trabajar duro. *Caterina Fake.*
- El éxito es la suma de pequeños esfuerzos repetidos un día sí y otro también. *Robert Collier.*

EPÍLOGO

Así como un faro sirve de guía y referencia para los navegantes en las inmensidades del mar, tu motivación es la encargada de encaminar los esfuerzos para alcanzar tus objetivos.
Mi modelo de Innovación Emocional trabaja como en capas, desde lo más profundo hacia afuera en cada colaborador, para desarrollar un sentido de pertenencia, lealtad, entusiasmo, optimismo, propósito y auto motivación. Al practicarlo a consciencia y paso a paso, este involucramiento repercutirá positivamente en la organización, y, fundamentalmente, también en la vida personal. No somos "haceres" humanos: somos "seres" humanos. Este es el enfoque que te invito a profundizar y explorar con estas herramientas.

Es momento de que pongas en práctica las herramientas aquí ofrecidas; imagina que la automotivación, la pasión, la actitud, la voluntad y el optimismo, son tuercas que debes ajustar para obtener una recompensa absolutamente rica. Pues si emprendes este camino, lograrás tener: seguridad, confianza, coraje y alegría.

Bajo ningún pretexto dejes de lado la posibilidad de alcanzar tus metas y de ver realizados tus sueños. No te detengas con excusas; no desprotejas tu pasión, motívate y estimula la acción.

Comienza hoy, no lo postergues para mañana.

Daniel Colombo

Daniel Colombo es Master Coach experto en CEO, alta gerencia y profesionales; comunicador profesional; Mentor de ejecutivos y empresarios; Speaker internacional; y facilitador de procesos de cambio. Media-coach de políticos y ejecutivos; experto en Oratoria moderna.

Autor de 21 libros, entre ellos "Sea su propio jefe de prensa" "Historias que hacen bien", "Preparados, listos, out" (co-autor, sobre el Síndrome del Bournout); "Abrir caminos", y una colección de 6 libros y DVD, "Comunicación y Ventas" con Clarín de Argentina, y la colección "Coaching Vital" compuesta por tres títulos: "El mundo es su público", "Oratoria sin miedo" y "Quiero vender" (Hojas del Sur).

Se desempeña habitualmente en 18 países, habiendo brindado más de 600 conferencias, workshops, seminarios y experiencias vivenciales, llegando al millón de personas entrenadas. En todas sus redes sociales tiene un millón de seguidores.

Conduce y guía equipos de alto rendimiento en empresas nacionales y multinacionales dentro y fuera de su país. Ha asesorado y trabajado junto a más de 2500 empresas, y dirigido su compañía de relaciones públicas durante 20 años. Escribe regularmente en más de 20 medios de Argentina y diversos países.

Web: www.danielcolombo.com
https://www.linkedin.com/in/danielcolombo/
Twitter @danielcolombopr
www.Facebook.com/DanielColomboComunidad/
Instagram: Daniel.colombo
YouTube: www.youtube.com/DanielColomboComunidad

Editorial Autores de Argentina

www.ingramcontent.com/pod-product-compliance
Lightning Source LLC
Chambersburg PA
CBHW031650040426
42453CB00006B/259